明後七子之首——傲狂墨

陳忠——著

李攀龍

倡導復古與求真、主盟文壇二十餘年，
風雅長留白雪樓

來到人間，是為了替黯淡的夜空增添一道耀眼的光芒
離開世界，是為了向貧瘠的大地遺留一卷風雅的華章

為官者，公正無私，依法守紀；為文化傳承者，鏟削巧利，滌濯滓垢；
他內心簡明疏曠，清澈坦蕩，品格堪為士林之典範
——滄溟先生李攀龍

目錄

第一章
玉蘭花開白雪樓

　　此刻，兩株白玉蘭，在白雪樓旁亭亭玉立。在一片雕欄玉砌中，它們的溫潤簡靜，是不是給人一種清曠高華的與眾不同？

　　「春盡芭蕉未著花，玉蘭雙倚麗人斜。」

　　一枚花瓣，悠然的飄落而下。它飄落的速度，多久能走完我與李攀龍之間的距離？

　　我知道，關於春的故事，已經開始生機盎然了。很多次，我站在趵突泉北面的廣會橋上，遙想那個叫李攀龍的明朝男子。

　　想他的「解度新聲瑟懶調」；想他的「城頭一片西山月」；想他的「燕山寒影落高秋」；想他的「浮雲半插孤峰色」；想他的「二月城頭柳半黃」；我更想他「誰向孤舟憐逐客」……

　　我一直想寫寫李攀龍，寫寫趵突泉畔的那座帶戲臺式的二

層仿古建築白雪樓，寫寫白雪樓兩側的高大挺拔的玉蘭樹。

我曾多次走過白雪樓，坐在泉溪邊，默默想起他那「開簾署有青山色，對酒人如白雪枝」的詩句。

然而，我卻一直沒有鋪筆。

不僅僅是因為隔世經年，也不僅僅是因為歷史久遠。

總覺得他就坐在不遠的亭臺水榭裡，在一片依依垂柳的後面，觀泉，讀書，銜杯，寫詩。在陽春裡，看見白雲，我想起了白雪映照的那一廊的畫欄。

我不知道，筆下的他，是我想像中的那個「文章萬古垂大業，富貴浮雲非所求」的汪洋恣肆的李攀龍，還是另一個「青樽何處不蹉跎，白髮相看一醉歌」的疏狂達觀的李攀龍。

嫣然一笑的梅花剛過，得意的春風就來了，帶來了含蓄過後的多情，也帶來了風流之後的婉轉。

萬物復甦，開始生命的輪迴。

細雨初霽，柳色清新，曲徑和花木被滋潤得纖塵不染。看著泉池上泛著的水花，每一個路過的人，都會在心裡蕩起一層層漣漪；而羈旅的漂泊，似乎有了停泊的心緒。

檻泉西畔漱清流，酌水能消萬斛愁。
白叟黃童爭擊壤，春來有事向東疇。

無憂泉

　　當你讀罷晏璧的這首《濟南七十二泉詩·無憂泉》，再去看
趵突泉公園裡的無憂泉，塵染的心，是否開始清澈通透起來？

　　細雨中，草木蔥鬱。

　　有清脆的鳥語，從灑著無數雨點的水面上濺起來。

　　無憂泉池呈不規則形，面積六百七十二平方公尺，以自然
石綴岸。泉水清澈碧透，水中石影隨波顫動；飄搖的水草，嫩
綠；錦魚在水中嬉戲……泉水漫石穿溪，流進北面的趵突泉內。

　　世間何處有此等美妙之境？

　　內心豁然，自然會有恬靜、清淡。

　　我從無憂泉那邊過來，駐足在泉流比較溫婉的石灣泉邊，

正準備用手機將一隻覓食的麻雀拍下來。忽然，我看見一個女孩指著白雪樓西側的那株沒有葉子的玉蘭樹，對她的男朋友說：「你看，那樹上的花兒，好像一只只溫潤的羊脂玉杯呀。」

虬枝上鋪滿了白玉蘭花。

空靈，安閒。

我也被那些白鴿一樣的玉蘭花迷住了。

那一樹牙白的玉蘭花，在冷暖陰晴之間，乾淨的開著，通透的活著，有著異於人間草木的別具一格的含蓄不盡，在風流婉轉的早春，散發出陣陣的清香。

它們窈窕、嫵媚，安靜的綻放著。遠遠的看過去，它們真的就像一隻隻展翅欲飛的信鴿，而那淡藍的天空，則是它們清簡的背景。

此時，我心裡的春天，便有了些許的衡蘭芷若。

是泉水，滋潤出了白玉蘭的雅逸，讓我們自然而然的想起一個玉一樣純潔的女子，在和風中婀娜多姿，舞出了綿密的春暖。

是玉蘭花，鮮亮了細雨中的白雪樓，使之顯得清高潔淨。

趵突泉畔的這座白雪樓，是明代詩人李攀龍的藏書之處，它在漫漫光陰中，見識過無數鶯歌燕舞，也歷經過萬千風物景象。

有白雪樓，濟南人才知：大東風雅。

也正是因為有了白雪樓，我們才會常常想起：陽春白雪。

此刻，兩株白玉蘭，在白雪樓旁亭亭玉立。在一片雕欄玉砌中，它們的溫潤簡靜，是不是給人一種清曠高華的與眾不同？

「春盡芭蕉未著花，玉蘭雙倚麗人斜。」

一枚花瓣，悠然的飄落而下。它飄落的速度，多久能走完我與李攀龍之間的距離？

我知道，關於春的故事，已經開始生機盎然了。

白雪樓前玉蘭花開

我不知道，七歲就讀於趵突泉邊勺滄園[01]的李攀龍，是否見過如此冰清玉潔的玉蘭花；但我知道，他並沒有見到這株玉蘭樹旁的白雪樓。

他更不會知道，這是在他去世後的明萬曆年間，山東右布政使葉夢熊拿出自己的俸祿，在勺滄園西邊建起的一座紀念他的白雪樓。

01　勺滄園，即現在趵突泉內的滄園，是明代著名詩人「後七子」領袖李攀龍幼年讀書處。

白雪樓西臨無憂泉，坐北朝南，五間兩層，前面出廈，落地木檻，起初稱「歷山書院」、「白雪書院」。直到清嘉慶八年（西元一八〇三年），樓上房檐下方出現了「白雪樓」匾額。

清光緒年間，在此居住的膠州人匡源在門的上方雕刻了「李滄溟先生祠」匾額。

房舍後，是李姓居住地。

白雪樓的四周，綠水環繞，山石掩映。樓前有因泉水清湛、甘香味美而得名的湛露泉，因池邊巨石駁岸狀如水灣而得名的石灣泉，因其水甘冽如酒而得名的酒泉（古時，常有文人墨客攜歌姬來此飲酒賦詩，有醉者將酒倒入泉中，讓歌姬們暢飲，酒香伴著泉香令眾人無不讚嘆，故得名）。

三泉一字排開，既相互連通，又相對獨立、自成一景，泉水經年不枯，宛如三面平鏡，映照著光陰在天空中的痕跡。

此等美景，唯白雪樓獨有。

白雪樓曾幾度重修。

明萬曆十七年（西元一五八九年），時任山東右布政使的嶺南人葉夢熊仰慕李攀龍才學，為救斯文於不墜，在李攀龍少時讀書的勺滄園西邊修築起濼源白雪樓，以寄託對李攀龍的追念之情。

石灣泉

湛露泉

酒泉

　　明代著名書法家邢侗得知在趵突泉畔修築白雪樓，按捺不住內心的激動，寫下了〈題趵突泉圖寄所知中有白雪樓〉二首：

其一

斯人不可見，小築寵斯文。
雪色照梁月，雲光清戶薰。
瀑急玉虹立，石翻蒼荇紛。
我亦郡中士，緬想空氤氳。

其二

十載曾過此，重來興未央。
馬蹄穿筱入，酒榼逼林香。
碧揖南山夕，清邀北渚涼。
畫圖堪省識，一為寄川光。

明萬曆四十二年（西元一六一四年），山東巡鹽御史畢懋康在樓西側建起歷山書院。可惜，白雪樓在明末傾圮。

清順治十一年（西元一六五四年），時任山東布政使的張縉彥又重建白雪樓並重修歷山書院，同時將歷山書院更名為白雪書院。[02]

作家侯林先生說：「從葉夢熊到畢懋康再到張縉彥等山東官員，他們之所以不遺餘力的建造、修葺白雪樓，乃是他們深知李攀龍與白雪樓於整個山東和濟南的價值，乃是他們有著高遠的文化視野。李攀龍作為明代『後七子』的領袖人物，舉世公認的『風雅正宗』，是濟南的文化象徵、文化旗幟，他同時展現著濟南文化與齊魯文化的精神高度。」

02　參見侯林、侯環《李攀龍與白雪樓》。

清乾隆元年（西元一七三六年）夏秋之交，時任山東巡撫的岳濬，在其離任山東之前夜，將白雪樓強制拆毀。

而面對廢墟，濟南詩人楊紳在其〈憶王孫‧吊泉上白雪樓〉中寫道：

萋萋芳草對斜陽，
白雪樓荒空斷腸，
燕子無情水面忙。
月昏黃，
唯有泉聲嗚咽涼。

清乾隆之後，趵突泉白雪樓再無修築。

其實，清乾隆之後，人們所指的白雪樓，只是一座白雪書院。清嘉慶、道光年間的濟南詩人周樂的一首〈白雪書院有感〉即為此說的佐證，此詩的副題是「在城西趵突泉上，即白雪樓故址也」。因為是濟南人，所以，周樂對於這段歷史是熟悉的。

當然，濟南人出自對白雪樓的無限惋惜與懷戀，只能也只好將白雪書院稱之為「白雪樓」以寄情思了。[03]

明代濟南詩人光盧在〈趵突泉白雪樓〉中寫道：

人去樓空濟水頭，欄杆倚遍憶風流。
白雲黃鶴杳何處，山色溪聲共一樓。
長夜漫漫知古恨，知音落落到今愁。
嶺南大雅關同調，春鳥嚶嚶自可求。

03　引自侯林〈兩百八十四年前的劫難：趵突泉白雪樓被毀〉一文。

一九五六年，白雪書院因破爛不堪而被拆除。

一九九五年，濟南市政府為加強文化建設，恢復名勝古蹟，築建了今天的白雪樓。現在的白雪樓，建築面積約四百平方公尺，有配廊，為帶戲臺式二層仿古建築。

前面出廈，落地木槅，紅柱花窗，古樸典雅。

樓前，立有李攀龍後人和當代學者書寫的〈重修白雪樓記〉碑。

白雪樓的門楹，取自明代著名詩人邊貢的後人——邊習的〈登白雪樓懷李于鱗〉詩：

瀼源風景冠齊州，更築詩豪白雪樓。
人擬古今雙學士，天開圖畫兩瀛洲。
雲間黃鶴還飛去，海上滄波欲倒流。
聚散存亡餘感慨，轉憐花鳥不知愁。

現在，讓我們走進白雪樓，去看看。

走近正堂，我們便看見一尊博帶素袍的李攀龍全身坐姿銅像。其面容清癯，神情含蓄，低眉緊蹙。

廳內有其朋友、學生及當代名人所題寫的詩文匾額，西牆上掛有大幅〈會友圖〉，再現了當年李攀龍先生傳送詩詞的盛景。

樓上房檐下，懸掛著清嘉慶八年（西元一八○三年）金光悌所書的「白雪樓」匾額。

白雪樓內，彷彿只有散淡的時光、草木的溫潤，我們目光能觸及的東西太少。這樣也好，空出來的地方，我們可以擺

放些明朝的溪山和雲水、繞夜的朱弦、長嘶的石馬、廣陵的秋色，或者城頭的山月、清簡的苔光、檻外的秋陰、古寺的馬蹄……窗外，春風吹綠了舊事裡的枝頭，雨聲纏綿了往事裡的蒼顏。

那樓前玉蘭樹上開放的花朵，有哪一朵是去年開放過的呢？

一切皆是過往，一切皆意味深長。

白雪樓中的李攀龍塑像

清道光年間進士、曾任南昌知府的馮詢，以其雜詩〈詠李攀龍〉，對李攀龍的生前身後做了十分貼切的總結：

不讀西漢後文，不談天寶後詩。

平生持論亢不卑，詩文乃與世轉移。
後人更摘七字疵。
我尋白雪樓，故址不可追。
嗚呼！豈唯故址不可追，公方沒世澤已衰。
君不見，西郊賣餅姬。

走出白雪樓，看著白玉蘭花上凝結的露珠，我突然就想起了劉敕的那首〈醉歌，懷李于鱗〉：

樓下泉光飛晴雪，樓上山光半明滅。
昔人一去此樓空，吟魂不散香雲結。
有客閒來上此樓，昔人不見使人愁。
自憐同調獨成醉，一曲陽春水不流。

往東，過酒泉，繼續前行，在不遠處，就會看見為紀念李攀龍所建的滄園。

滄園，在趵突泉公園的東南方向，是一處園中之園，原名「勺滄園」，取滄海一勺之意。

滄園是園中園式的傳統庭院建築，大門朝西，原為白雪書院的故址，清末以後曾多次改為學校。趵突泉公園擴建時，滄園劃入公園，一九六四年重新改建，占地兩千五百平方公尺。

滄園有兩個大院落，三座大廳，南北在一個中軸線上，廳外四周有遊廊環繞。園周曲廊相圍，沿廊修竹婆娑。院內多置山石，陳列大型盆景，蒼松挺拔，蠟梅明黃，突出了冬季景觀。尤其雪後時刻，松竹梅各展風姿，構成一幅「歲寒三友

圖」。北大廳的北面有寬廣的平臺，臺北即楓溪池塘。園的西北部與遊廊相接的是「楓榭」，探入水中，與楓溪中月島上的樹木相映，構成絕佳景色，並可望到來鶴坊與瀠源堂及水榭茶廳。向東可看到山石樹木之後的假山，景色深遠，成為公園內的風景透視線。

滄園

園裡還有兩株三百餘年樹齡的羅漢松，高兩公尺，樹幹直徑二十六公分，四季常青，蒼古清秀，是濟南園林中獨有的露地栽種的羅漢松大樹。據說，是從浙江省某一山村購買後移植在滄園的。

　　滄園之內有著名畫家王雪濤紀念館。

　　紀念館內有「無陋山莊」、「蘿月堂」、「瓦壺齋」等展廳。

　　王雪濤（一九〇三年至一九八二年），河北成安人，原名庭鈞，字曉封，號遲園。其自幼喜繪畫，一九一八年入保定直隸高等師範附設手工圖畫科，畢業後到小學執教。

王雪濤

　　抗戰爆發後，王雪濤以賣畫為生。同時，他集中精力向傳統學習，在上追徐渭、陳淳的同時，又拜當代名家齊白石、陳半丁為師，畫藝大進。他擅長小寫意花鳥繪畫，其作品構思精巧、清新秀麗。王雪濤與潘天壽、李苦禪等齊名。王雪濤逝世後，其夫人——自幼居濟南的徐佩蕙女士將丈夫畢生傑作無償捐獻給濟南市人民政府。如今，王雪濤紀念館內珍藏著他的兩百餘幅珍品遺作，供遊人觀賞。

　　滄園南院西側，有一眼泉，隱於花木綠蔭之中。泉池呈不規則形狀，巧石疊嶂，別有一番風趣。泉因園而名，稱為「滄泉」。

第二章
攀龍降生廣會橋

明正德九年（西元一五一四年）四月十八日，李攀龍出生在濟南西門外廣會橋西邊的西關柴市路南，也就是現在的濟南市市中區長春觀街。

那座廣會橋，就是剪子巷的大板橋。

五十六年後，李攀龍在他的出生地過世。

此時，我正站在廣會橋上等那個叫李攀龍的明朝詩人。

一簾天青色的煙雨之後，鮮嫩了鵝黃的柳絲。

一溪清澈的泉水，從橋下徜徉而過；被雨水洗過的天空，顯得特別乾淨。白雲從搖曳多姿的水草上飄過，也飄過水底銀色的沙粒和幾尾紅色的錦鯉。

一個秀髮隨風飄揚、著一襲白色長裙的女孩子，輕執一把粉色的油紙傘，從我的凝眸中悄然穿過。

廣會橋也叫大板橋，是一座清朝同治年間重修的單孔、一

跨六公尺的石拱橋。橋寬丈許，長約兩丈。大青石鋪就的橋面微微有些隆起，橋上有石刻的欄杆望柱。廣會橋古樸莊重、造型別致、厚重優美，就像橫臥在潺潺流水之上的一首水鄉小詩。

從廣會橋往南數百公尺，就是天下第一泉：趵突泉。

廣會橋（也稱大板橋）老照片

趵突泉、杜康泉、登州泉等眾泉水均從廣會橋下流過，再經東邊的夾河橋，逶迤向北，匯入護城河，再從濼源橋一直北去。

明末清初，這裡曾是一片沼澤地，間有養魚種藕的池塘，有寥寥可數的三兩間茅舍。後來，藕池被逐漸廢棄，填成平

地，陸續出現了民居和店鋪，有了倒掛的垂柳，也有了泉水匯成的河流，形成了大板橋、小板橋、柴家巷、郝家巷、冉家巷、西券門巷、曹家巷等幾條街巷。臨河人家都有幾塊探到河水裡的青石板，人們在青石板上淘米、洗衣、刷鍋，也有光著屁股的孩子在河裡玩水打鬧。因為河水是由地下湧出來的泉水匯成，冬天的水面雲蒸霧繞，宛若仙境。

著名美食家、散文家唐魯孫在他的〈濟南的泉水和魚〉一文中，記述了舊時大板橋所在的剪子巷一帶獨特的風貌：

濟南城內地下溝渠密布，潛流縱橫，隨手自地上掀起一塊石板，泉水便源源湧出，伸手就能撈到又肥又大的青草魚。

城南有條叫「剪子胡同」的路，不論天旱天雨，這條街總是積水盈寸，路人都得自兩旁騎樓下繞道而行。當年張宗昌為山東督辦時，曾命人在剪子胡同加鋪一層三寸厚的石板，怪的是三寸的石板鋪上了，水卻依然漫出一寸多。這石

二十世紀初的剪子巷老街

板下的泉水，夏季涼透心扉，可冰水果；冬季蒸氣迷濛，有如溫泉。掀開石板，水中密密長滿綠如青苔的長水草，成群的青草魚悠游其間⋯⋯

站在廣會橋上，我不由得想起了西元前六九四年的春天，想起了在廣會橋相會的兩位國君：魯桓公與齊襄公。

據春秋末年魯國史官左丘明編纂的《左傳》記載，魯桓公十八年（西元前六九四年）春，「（魯桓）公會齊侯（襄公）於濼。公與夫人姜氏遂如齊」。意思是說，魯桓公在「濼」這個地方與他的妻舅、當時的齊國國君齊襄公相見，然後和文姜（魯桓公之妻）一起前往齊國的都城。齊、魯國君相會，這在當時是兩國之間往來的一件大事。於是，「遂築會盟臺於濼」，取名為「濼上臺」。

清代乾隆年間，濟南著名詩人任宏遠有一首題為〈濼上臺〉的詩：

草滿荒臺濼上寒，當年齊魯舊盟壇。
如雲如水同歸處，百尺橫梁不忍看。

那次相會，讓我們記住了一個名字，她美玉環珮輕搖叮噹，有著木瑾花一樣紅白相映的嬌容，她就是悄然立在趵突泉邊的春秋第一美女──文姜。

明正德九年（西元一五一四年）四月十八日，是個值得紀念的日子。

這天，日後的明代著名文學家、「後七子」的領袖人物李攀龍，出生在濟南西門外廣會橋西邊的西關柴市路南，即現在的濟南市市中區長春觀街。

五十六年後，也就是隆慶四年（西元一五七〇年）八月十九日，李攀龍在他的出生地西關柴市祖宅溘然過世。

廣會橋，就是昔日剪子巷的大板橋，其橋現在趵突泉景區內。[04]

清末前，人們要想從城內去趵突泉，必須出西門，沿途經廣會橋，再由城西南經趵突泉到西門進城，廣會橋是交通要衝。由於它廣會四方往來的遊人客商，從而也就有了「廣會」之名。

站在廣會橋頭，順河道向北望去，百公尺外，又出現了一座與水面平行的小石橋，這便是與大板橋遙相呼應的小板橋。小板橋原名「眾會橋」，「眾會」和「廣會」的含義相去不遠。除了小板橋，在這條小水巷上還有兩座小橋，分別位於小板橋東與東南。這裡，水巷、民居、小橋融為一體，其情景恰如明代濟南詩人王象春《齊音》中那首題為〈北溪〉的七言絕句所描繪：

> 一曲溪流一板橋，浣衣石面汲泉瓢。
> 家家屋後停針女，樹底橫舟手自搖。

濟南民間有「先有長春觀，後有濟南府」的說法。

長春觀位於濟南市市中區長春觀街一號，是濟南市現存最早的道觀，創建於北宋大觀年間（比齊州升為濟南府早五年），曾經是「全真七子」之一丘處機修煉的地方。

04　據濟南文史研究學者雍堅研究，這個西門外居所應該是李攀龍出生之地。崇禎《歷城縣志・卷十一》記載：「李攀龍宅，西關柴市路南。」需要注意的是，柴市並非柴家巷。《歷城縣志・卷三》記載：「柴市，廣會橋西。」廣會橋，也就是大板橋。橋西那條街，今天我們稱之為長春觀街，清末《省城街巷全圖》上標為五路獅子口。

長春觀原本的建築群規模很大，南至長春觀街，西連土街，東接大桿巷，北至盛唐巷。現在的長春觀只是原來的一部分。

濟南長春觀全景

長春觀曾十分宏偉，宋、元、明、清皆有維修；但自明末以後，除保有大門及中軸的大殿、後閣等主要建築外，其旁院多成為民舍。現有大殿與配殿都是近幾年重修的，只有後閣樓是早年的舊構。該閣樓為二層三開間，磚木硬石結構，二層有外走廊，頂為琉璃瓦，樓板上有清人所刻雲龍紋和暗八仙圖案。

院內殿後有丘子洞，明朝地方志書稱「洞深十餘里」。

誰也不會想到，李攀龍的爺爺李端，當年在西關柴市是一位出了名的賭徒。

家財萬貫也還罷了，關鍵是家裡一貧如洗，李端還是經常出入賭場，而且，常常是「一擲箕錢數萬」。

令人稱奇的是，李攀龍的爺爺不但有賭博的才能，而且運氣也好，竟然靠賭博累積了很多財富，改變了貧困的生活和自

己的命運。他沒有像別的賭徒那樣吃喝，把贏來的錢一股腦的揮霍掉，而是用贏來的錢投資做了生意，你還別說，生意做得也很成功。

就這樣，一來二去，李攀龍的爺爺就成了西關柴市一帶家喻戶曉的大商人，買了一處大宅院，過上了衣食無憂的富人生活，還花錢請先生教兒子李寶識文斷字。

有人說，生活，是用一種欲望代替另一種欲望的過程。

李端有了錢，也就有了欲望，而這欲望不是別的，竟是勸說左鄰右舍的青少年改掉賭博惡習，跟著他一起做生意。後來，很多人跟著他發了家、致了富，過上了既有排場又有尊嚴的小康生活。

李攀龍的爺爺是個性情豪爽、慷慨大方的男人，樂善好施，扶貧濟困。遇到有窮苦的人家沒飯吃，或家中遇到喪事無錢安葬，他會二話不說，伸手相助，幫人度過難關，毫不含糊。所以，在西關一帶，提起李端的大名，真的是無人不知無人不讚，李端因此留下了很好的名聲。

在濟南，民間有個關於李端與盜賊的傳說：

一天，有個盜賊偷李端販賣的絲織品，恰巧被李端撞見。李端二話沒說，上去就抓住了盜賊的棉襖領子，斥問道：「你為什麼偷我的貨，我還指望它養家餬口呢！」

盜賊一邊告饒一邊怯怯的說：「我身上沒錢，已經三天沒吃飯了，大爺你就放了我吧。」

聽了盜賊的話，生性豪爽的李端一沒拳打盜賊，二沒把他送進官衙，反而掏出一千文錢塞給了盜賊，讓他當回家的盤纏，並告訴他以後別做這種壞事了，回頭也做個小買賣，好好過日子。

盜賊被李端放了後，並沒有改惡向善，而是繼續在江湖行竊，變本加厲的偷盜，最後成了一個江洋大盜。

有一天，他經過濟南時，突然想起當初李端善待他的事。於是，他夜裡搬了滿滿一箱銀子，趕到李端家門口，一邊敲門一邊喊：「李端大爺，你出來一下，我是那個誰呀。」

看到屋裡有了光亮，盜賊覺得沒臉見李端，放下銀子就閃了。

李端打開屋門後，差點被腳下的木頭箱子絆倒。他打開箱子一看，哇，怎麼都是大銀錠子？他趕緊去追那個盜賊，可那盜賊連個影也見不著了。

李端只好把滿滿一箱銀子搬回屋裡。他和老婆楊氏守著這麼一大筆橫財，哪裡還能睡得安穩。莫非這就是傳說中的「盜亦有道」？可這錢來路不明，他要是花了，那不是知贓用贓嗎？可要是不花，他退也沒處退呀！

一晚上思前想後，最後李端有了主意，將一箱的銀子捐給了香火不斷的東嶽廟。

李端去世後，人們在濟南城南門外供奉泰山神東嶽大帝的東嶽廟內建了一座祠堂，為李端專門設立了一個牌位，在伏祭

和臘祭之日進行祭祀。

「有其父，必有其子」，這話還真沒錯。

李攀龍的父親李寶，也是個豪放不羈的人，性情有點像李攀龍的爺爺，用現代人的話來說，就是一個「開心了就笑，不開心了就過會再笑」的人物。靠著老爺子留下的一大筆家產，李寶天天手不離酒，和朋友們推杯換盞，彷彿只有酒能讓他感受人生的爽快，而且他酒量大得驚人。據說，在酒桌上，他一個人能把四十多個人灌趴下，自己卻很清醒，甚至不耽誤回家睡覺做美夢。

有一年，李寶到京城掌管全國文官的吏部參加選拔，在赴京的路上，經歷了一次驚心動魄的「虎口脫險」。

當時明朝的天下，出現了不少自然災難和農民起義，而饑荒和動亂會讓人鋌而走險。

當李寶從濟南走到河北省的河間道時，在一家小旅店住了下來。住下後，他無意中發現，店裡有個做臘肉的客人，總是鬼鬼祟祟的與人密談，還不時的朝自己這邊窺視。李寶立刻警覺起來，心想：那人會不會是個殺人越貨的匪徒？李寶畢竟是見過世面的人，何況，還是個山東大漢。他沒有慌張，表面上依然若無其事，等到天色向晚、眾鳥歸林後，他乘人不備，迅速逃離了那家凶險的旅店。

至於那家是不是黑店，這不重要，重要的是，經過此次歷險，李寶再不敢入京赴吏部應選了。

別再想好事了，還是老實待在家裡安穩，喝著小酒，日子一樣舒適。

隨後，李寶決定到德王府當一個典膳。

明天順元年（西元一四五七年）三月，英宗皇帝朱祁鎮封他的第二個兒子朱見潾為德王，讓他在德州建王府。朱見潾不滿意那個地方，以德州風沙太大為由，奏請搬遷到有山、有泉、有湖、有河的濟南。然而，這一請求卻沒有得到英宗皇帝的批准。直到成化元年（西元一四六五年），憲宗朱見深繼承皇位後，才批准德王改駐濟南，並把已廢齊王、漢王在東昌、兗州的邑地及濟南府屬的白雲、景陽、廣平三湖之田賜給了朱見潾。

隨後，德王朱見潾在濟南將原山東都指揮司署遷走，將其原址改建成德王府。

明代的藩王雖被分封各地，但只是安富尊榮，並不干預地方政治。

德王府建成後，成為濟南城內規模最大、精美豪華的建築群，建有三座大殿，分別為承運殿、圜殿和存心殿，並建有正宮、東宮、西宮。德王府下設長史司、審理所、儀衛司、群牧所、紀善所、典寶所、典膳所、典儀所、奉祀所、工正所、良醫所等機構。

德王府內有珍珠泉和濯纓湖，珍珠泉上建有淵澄閣，閣後是孝友堂和燕居齋。朱見潾在元人所建的白雲樓廢址上修建了濯纓軒，並在濯纓湖北岸堆疊假山。濯纓湖，由珍珠泉、散水

泉、灰泉、硃砂泉、溪亭泉等泉水匯聚而成。湖水自南而北，繞過一座假山，而後流出宮牆，經過曲水河，匯入大明湖。

德王府宮牆高聳，碧瓦雕梁，奇花異草，泉池遍布，石橋曲徑，畫舫輕舟，堪稱京城之外的王宮御苑。

朱見潾曾在濯纓湖上寫過一首詩：

印月池頭月正明，主人曾此濯冠纓。
肯誇風景殊人世，卻愛源流合聖清。

當年的德王府，就是以現在濟南泉城路上的珍珠泉大院為中心。

現在的珍珠泉大院即為當年德王府的中心

德王府是明代最大的藩府之一，全盛時期，面積占濟南老城的三分之一，相當於紫禁城七十二萬平方公尺面積的一半略

小。其邊界南至今泉城路，北至後宰門，西至芙蓉街，東與舊歷城縣署隔路相對。德王府清代以後成為風景名勝之地，人稱「德藩故宮」。

德王朱見潾還將長清五峰山附近之青崖山劃為陵園，成為歷代嗣王的墳塋陵園[05]。

李攀龍的父親李寶所擔任的典膳官，主要負責掌管德王府的膳食之事。

每逢王府邀客宴飲，李攀龍父親李寶的職責就是負責上酒菜，陪客人飲酒聊天，說白了，就是王府裡的食客、陪客。這種職業，需要「見人說人話，見鬼說鬼話」，看客人的臉色行事，有時還要點頭哈腰，沒有一套察言觀色的本事，是難以勝任的。

李寶的酒量很大，大碗大碗的喝，從沒人見他醉過，而且是越喝越能聊天，不但高談，還能闊論。時間久了，他漸漸有些不喜歡這個差事了，總覺得很不舒暢。私下裡，他常對身邊的人說：「我怎麼說也算是個有頭有臉的人，怎能讓我大氣不喘、斂衣長跪、畢恭畢敬的服侍別人呢？」

於是，李寶就不想伺候了，一甩手，謝職不做了。

他不和那幫不把自己當回事的傢伙們玩了。

李攀龍的爺爺李端去世前，曾放過很多高利貸，據說，債券能裝滿一箱子，即使不算利息，光把本金收回來，就是一筆數量可觀的財富。

05　現位於濟南市長清區五峰山南麓的明德王墓群遺址。

　　左鄰右舍，因還不上債，常常一看見李攀龍的父親李寶的影子，就慌忙躲避起來。

　　一天，李寶當著鄉鄰們的面，點著一把火，把滿滿一箱子債券都燒成了灰燼，然後說：「借出的錢財，算我捐了，我沒有怨言。整天懷裡抱著上輩子人留下的爛紙片，讓鄉里鄉親見著我就躲，我心裡也不舒坦。這下好了，都燒了，都沒負擔了。」

　　這樣一來，李家祖傳的財產就所剩不多了。

　　再加上李寶愛喝酒，又不善治家理財，到李攀龍出生時，李家的經濟狀況已大不如前。

　　李攀龍的父親李寶先後娶過兩個妻子。

　　初婚時，娶的妻子是郭氏，生有兩個兒子：老大叫登龍，老二叫躍龍。

　　後來，郭氏離世。

　　李寶二十八歲那年，又續弦娶了十六歲的張氏。

　　張氏的父親張平是一個校尉。這是個武官官職，在漢朝，其地位僅次於將軍。校尉有自己統領的軍隊，其實際影響力，有時候可能會超過將軍。

　　張氏性情賢淑、深明大義，過門後，對郭氏遺留下的兩個孩子疼愛有加、悉心照料。

　　正德九年（西元一五一四年），張氏有了身孕。

　　傳說，張氏臨產前，曾夢到有一輪紅日投入懷抱，不久，就生下了一個男孩。李寶替這男孩取名攀龍，字于鱗。幾年

後，張氏又陸續生下了兩個男孩：一叫化龍，二叫成龍。

隨著人口的增多，李家的生活負擔越加沉重起來。

嘉靖元年（西元一五二二年）五月，年僅三十六歲的李寶突然離世。

李寶離世時，張氏才二十八歲，李攀龍剛滿九歲。他的大弟李化龍天生愚笨，常常一個人仰起頭來，整天就只是痴憨的傻笑；小弟李成龍才剛過滿月，還在哺乳期。

李寶的母親楊氏很疼愛前房郭氏留下的登龍、躍龍兩個孫子。李寶一撒手離世，楊氏怕年輕的張氏帶著三個男孩分走家產，就時不時的拿刻薄的話損張氏，也不給她好臉色看，試圖逼張氏帶著三個孩子空手離開李家。

李攀龍的母親張氏面對婆婆的百般刁難，一直忍辱負重，為了三個孩子，她堅強的活著。

她說：「我只是不忍心讓三個孩子不明不白的吃嗟來之食，也不想讓他們和我一起輾轉被填埋在溝壑。如果孩子們死去的父親問起『那三個孩子現在在哪裡呢』，我該怎麼回答？所以，我發誓絕不能讓這三個孩子無依無靠、流落街頭。」

精誠所至，金石為開。

後來，李攀龍的奶奶楊氏慢慢的轉變了對張氏無理取鬧的態度，臉上也有了些許的溫和，張氏也由此更加孝敬和善待婆婆楊氏。

有一年夏天，楊氏突然患了重病，臥床不起，身上多處因

感染而化膿，甚至有的地方都出現了潰爛。

李攀龍的母親張氏不計前嫌，床前床後的細心侍候著婆婆，冒著炎熱和酷暑，每天煎湯熬藥，端到床前餵藥。她還要經常幫著婆婆翻身，為她擦洗身體，生怕婆婆長了褥瘡。張氏一直照料著婆婆楊氏，直到楊氏去世後入土為安。

街坊鄰居都誇李攀龍的母親是個賢惠的兒媳。

李攀龍同父異母的大哥和他的媳婦，在父親去世後，就開始不顧及親情，整天找麻煩，想另起爐灶。李攀龍的奶奶楊氏過世後，他們夫妻就更加肆無忌憚了，嫌棄李攀龍兄弟三人年幼不能下田種地，逼迫李攀龍母親分家。

原本一個失去丈夫的女人，帶著三個孩子生活就夠艱難的了，再一分家，就更沒人幫忙了。但不分家，李攀龍的兄嫂就會整天胡鬧。

他們最後還是分家了，但所分的家產難以維持生計。無奈之下，李攀龍的母親只得東挪西借，一面靠借貸維持生計，一面賣掉濟西濼水附近肥沃的田產，換取岱山附近的田地租給別人耕種以收取地租。誰知租地的人又賴租不繳，李攀龍的母親哭著央求道：「我們孤兒寡母不容易，靠這點田地生活，又不是收成不好，為什麼賴掉我們的租金呢？」租金要不到，原本欠下的債卻連本帶利都得歸還，岱山附近的田地因此就保不住了，被富戶強行收走充債。

李攀龍的母親帶著李攀龍兄弟三人離開老宅院，另租賃房

屋居住。她不辭勞苦的靠幫人做針線工作、洗衣、幫傭維持著清苦的生計。因天天手工勞動，她的手掌上布滿了層層老繭，一到寒冷的冬天，手背皮膚就會皴裂，然後出現傷口。

　　就是這樣，也難以滿足四張嘴的吃喝。沒有辦法，一家人常常一天只能吃兩頓飯，有時，一天只能吃一頓。可想而知，李攀龍兒時的生活是多麼艱難辛苦。如此困境，母親卻依然叮囑李攀龍專心讀書。

　　為了替李攀龍繳學費，母親就讓天生愚笨的二兒子李化龍去幫人工作賺點小錢，結果還是不行，就又把最小的兒子李成龍過繼給了別人家。

　　從古至今，每一位偉大的文學家背後，都站著一位偉大的母親。而這些偉大的母親，幾乎都是睿智果斷、深明大義、有層次、有見識、觀念正確的女性。歷史上有諸多典型的事例，比如孟母三遷、陶母退魚、畫荻教子、岳母刺字等等。

　　張氏就是這樣一位偉大的母親，面對艱苦的生活環境，她沒有放棄，而是把全部的心血都花在了培養李攀龍身上。

　　母親的教誨，母親的無私，母親的品行，對李攀龍的成長產生了潛移默化的影響。

　　李攀龍的父親是諸生，也就是考取過秀才入學的生員，所以，李攀龍九歲前的教育是由父親李寶親自教授的。

　　父親李寶去世後，母親就將他送到了當地一位很有名望的私塾先生家裡，先生姓張名潭。

塾師教的學生參差不齊，長幼不一。其中有一個叫襲勗的學生，當時已二十多歲，是個家境貧寒的人；後來成為著名詩人的許邦才，當時已十五歲；還有後來成為文淵閣大學士的殷士儋，當時卻只有八歲。讓先生張潭驕傲的是，這幾個學生後來都成了濟南的名流。襲勗六十歲那年，以歲貢生任江都訓導，他教的許多學生，後來都在朝廷裡當了大官。

殷士儋

李攀龍與殷士儋都是進士，一個後來成為主盟文壇二十餘年的「後七子」領袖人物，一個後來官至內閣大學士。

許邦才是舉人，後來成為濟南德王府右長史，也是濟南著名詩人。

他們四人成了莫逆之交，成為一生的朋友。

先生張潭似乎對李攀龍與殷士儋特別喜歡，雖知道他們兩人家境都很艱苦，有時繳不出學費，卻絲毫沒有嫌棄，依然悉心施教。

後來，李攀龍與殷士儋得知先生去世的消息，分別寫下了紀念張潭先生的文章，「每有論述，極稱張先生，無敢忘也」。

　　在李攀龍讀私塾的那段日子裡，好友許邦才的母親張氏對李攀龍也是特別關懷。

　　張氏對兒子許邦才期望很高，怕兒子貪玩，她很不喜歡許邦才與同學和玩伴來往。奇怪的是，她卻對李攀龍特別喜歡。每次李攀龍來家中與許邦才一道念書，張氏都會默默的站在一旁，用疼愛的目光注視著兩個孩子。

　　後來，張氏對兒子許邦才說，李攀龍非同尋常，絕對值得往來。

　　在得知李攀龍家境困苦、生活艱辛後，在自己家裡也不寬裕的情況下，她毅然拿出一部分收入接濟李攀龍。

　　對此，李攀龍一直銘記不忘，成名後，曾專為此事感謝過許邦才的母親張氏。

　　據記載，李攀龍的同鄉好友殷士儋，少時師從塾師郭寧。而郭寧恰巧與已是秀才的李攀龍很熟，經常往來。一天，李攀龍來到塾舍，第一次見到比自己小八歲的殷士儋。李攀龍見殷士儋儀表端正、丰姿英俊，就對郭寧說：「此少年日後必成大器。」

　　果不其然。

　　後來，李攀龍與殷士儋同年中舉。

　　嘉靖二十三年（西元一五四四年），李攀龍中進士。三年後，殷士儋中進士，後來官至尚書。

李攀龍在其〈祭殷太孺人文〉中，曾談到他與殷士儋的關係，「處則同門，出則借計」、「交相定省，如兄如弟。手足一身，壤篋六藝」，對彼此的友情和志趣作了生動的歸納。

據史料記載，李攀龍父子的墓誌銘，都是殷士儋題寫的。

私塾是中國古代社會一種開設於家庭、宗族或鄉村內部的民間教育機構。它是舊時私人所辦的學校，以儒家思想為中心，主要學習四書五經，圍繞科舉制度進行教育。李攀龍讀私塾時，不滿足於塾師安排的課內學業，課外喜歡讀《左傳》、《史記》這些不在科舉考試範圍內的書。

古代私塾

讀私塾期間，李攀龍博覽群書，視野和見識也漸漸開闊起來，對當時一般塾師重經義注疏、訓詁，常常表現出不屑，因而也常常被人視為無知妄為之人。

每當聽到別人說自己是「狂生」時，李攀龍就自傲的說：「我要是不狂，誰還可以當狂者？」

李攀龍之所以敢這麼有自信，源於他不讀死書、有獨立的見解。他認為學習就要博覽群書，而且，讀書也不僅僅是為了科考而去死背硬記。

嘉靖九年（西元一五三○年），李攀龍娶徐氏為妻。

嘉靖十年（西元一五三一年），李攀龍補廩生。

廩生是由國家給予膳食，免除家庭丁役。這年，李攀龍十八歲，從此，他和母親張氏的生活才開始有了好轉。

嘉靖十六年（西元一五三七年），李攀龍得山東提學僉事王慎中賞拔，以「狂生」之名聞於諸生間。

嘉靖十九年（西元一五四○年），李攀龍參加鄉試，中舉，得鄉試第二。

嘉靖二十三年（西元一五四四年），李攀龍參加甲辰科會試，並順利通過。這次會試主考官是禮部尚書兼翰林院學士張潮和左春坊左庶子兼翰林院修撰江汝璧。在隨後的殿試中，李攀龍被取為三甲同進士出身。

此次甲辰科出了不少後來與李攀龍往來密切的詩人，如王宗沐、皇甫濂、徐學詩、袁福徵、劉鳳等。

中進士後，李攀龍奉旨到吏部文選司觀政。但科考使本來就身體羸弱的他更加疲憊，次年，他因病告假，回到了濟南。

沒有了科舉考試的壓力，李攀龍開始潛心研究四書五經之

外的典籍，從而奠定了他日後走向文學復古道路的基礎。

嘉靖二十五年（西元一五四六年），山東農民起義軍首領田斌與其妻連氏和僧人惠金等，以白蓮教組織農民起義。起義軍轉戰曹（今山東菏澤）、濮（今河南範縣西南）、單（今山東單縣）、滕（今山東滕州）諸州縣，南及歸德（今河南商丘）、徐州、鳳陽一帶，後為治河都御史魯瀚鎮壓，田斌及連氏等均被俘遇害。

這年，三十三歲的李攀龍回到京師，開始了他人生的嶄新歷程。

他的錦繡文章，自此有了廣闊的展示平臺，直到鋪成山河、流成大東風雅。

第三章
結社唱和調相同

　　文人結社是中國古代社會一種非常突出的文化現象，自唐中期後，一直是文人士子的重要活動方式。

　　陳寅恪曾說過：「治中國文化史者，當以社為核心。」明代是中國古代文人結社的鼎盛時期，這是因為，明代前期的幾個皇帝都相當喜歡文學。皇帝的喜愛，對明代的文學繁榮、興盛及文人結社的發展都有著重要的導向作用。

　　李攀龍回京師後即任順天府鄉試同考試官，協助選拔人才。

　　次年，李攀龍任刑部廣東司主事，官職正六品。

　　此時的李攀龍入仕時間還很短，沒什麼資歷，卻能外放考官，可見朝中有人賞識他的學問。

　　李攀龍抱著一腔濟世熱情，本想在京城大顯身手，成就一番作為，但他並不知道當時官場賄賂盛行、腐敗日漸嚴重、處處鉤心鬥角，更不知道崇尚道教的嘉靖皇帝朱厚熜是一個很奇特的皇帝，對靈異現象充滿熱情，長期沉湎齋醮（道教法事）

而無心顧及朝政。更有甚者，這位皇帝除了自己信奉道教鬼神外，還攜全體臣僚一起尊道，對於上奏勸諫者，輕則削職為民、枷禁獄中，重則當場打死；而對於尊崇道教者，則加官晉爵、賞賜錢財。因此，嘉靖年間有大批的道士當了官，甚至有善於討好嘉靖的道士官至禮部尚書，有的還身兼數職。

嚴嵩是明代大貪官，被《明史》列為明代六大奸臣之一，稱其「唯一意媚上，竊權罔利」。

嚴嵩深諳奉承諂媚之道、曲意逢迎之術，擅長寫青詞。青詞是用紅色顏料寫在青藤紙上的一種文字華麗的文章，是道士在做道場時獻給上天的奏章祝文，以此歌頌玉皇大帝。

嚴嵩因擅寫青詞受寵，成了喜歡長生不老之術的嘉靖皇帝跟前的紅人，很快被擢升到宰相的高位。他善於察言觀色、見風使舵，每日謹慎小心的伺候著皇帝朱厚熜。平日，嚴嵩對任何人都眉開眼笑，顯得和藹可親，但在排除自己的政敵時，一旦他露出毒牙，就特別猙獰。

嚴嵩有一個非常善於察顏觀色的兒子嚴世蕃，其父子結合的勢力極大，六部均受他們父子控制。大臣和將帥常常因不賄賂他們父子二人，就被羅織罪名。比如，巴結他們父子卻無將才的趙文華，被提拔到掌管軍事的要職；而有軍功的張經，因不賄賂他們父子而遭殺身之禍。

嚴嵩、嚴世蕃父子

可見當時的朝堂，是幾乎沒有高節清風和剛正不阿的，更多的則是阿諛奉承、趨炎附勢和陰凝堅冰。

李攀龍在刑部任職第一年，光刑部尚書就走馬燈似的換了三任，此後幾年，又連換了幾位尚書。

李攀龍在刑部三年雖然沒有得到重用，但也沒有受到排擠。平日裡，他只是兢兢業業的為刑部起草重要文件、公平審案執法，從不對上司唯唯諾諾、奴顏婢膝、仰人鼻息，更不會藉此攀附權勢。私下裡，他與上司的往來不多，卻結交了不少詩友。

據史料記載，他寫給刑部上司的詩僅有四首，其中有一首是〈送大司寇之金陵〉：

聞道銅標護百蠻，當朝共擬伏波還。
來持滇海中丞節，入領西曹法從班。
曳履春雲高北斗，迴車秋色照鐘山。
顧期門客江城滿，草奏時時達漢關。

此詩是寫給被嚴嵩排擠、貶謫出京的刑部尚書顧應祥的。

李攀龍在顧應祥任刑部尚書時，從不逢迎，也不媚上，但在顧應祥遭受挫折後，卻為他而憤憤不平，寫詩送別，著實令人欽佩。

〈送大司寇應公歸臺州〉，是李攀龍贈送給刑部尚書應大猷的：

搖落黃金駿馬臺，都門供帳亦賢哉。
炎荒想見乘軺出，北斗旋聽曳履回。
秋色白雲生海嶠，主恩華髮臥天臺。
西曹官屬銜知遇，東閣清時好再開。

應大猷，明正德九年（西元一五一四年）進士，任南京刑部主事。嘉靖六年（西元一五二七年），應大猷出任廣東參政，後擢雲南右布政。嘉靖二十三年（西元一五四四年），應大猷任廣東左布政，後又兩度巡撫雲南、廣東。每次他卸任離職，總是「官行一擔書，民送兩行淚」。不久，應大猷任副都御史，巡撫四川、山東，回京復任吏部右侍郎。嘉靖三十一年（西元一五五二年）十一月，應大猷任刑部尚書。在任期間，他持法平恕，平反詔獄。朋友好言相勸：「莫要太認真，否則，會得罪朝廷權臣。」應大猷一臉正氣的說道：「吾為命官，只知守三尺法耳，不知其他！」嚴嵩專權，戶部郎中孫繪被讒下獄，應大猷曾為其申冤相救。為此，應大猷遭到了嚴嵩兒子嚴世蕃的誣陷，被勒令「閒住」回籍。

因敬佩應大猷性情耿介、品行端正，同時也是為了感謝其知遇之恩，李攀龍寫下此詩，以表送別。

嘉靖二十七年（西元一五四八年），嚴嵩年老體衰，整日精神萎靡，伺候嘉靖皇帝時，經常感到力不從心，更沒有精力處理政務大事。皇上恩准他兒子嚴世蕃陪伴其左右，以便有個照應。因為整天昏昏欲睡，遇到有政事需要裁決，嚴嵩就轉手給兒子嚴世蕃代其批覆，然後再由皇帝裁決。

慢慢的，嚴世蕃透過收買皇帝身邊的太監，了解到皇帝每日的動態、生活習慣、好惡喜怒，藉此思索嘉靖皇帝的心理。由此，他代父親嚴嵩對政事的批覆，大都能正中皇帝下懷，因此很得嘉靖皇帝的歡心。

後來，嚴嵩就將所有政務都交給了兒子嚴世蕃。

嚴嵩父子一時權傾天下，結黨營私，黨同伐異，六部的官吏盡在其股掌之間。

齊魯大地上誕生的文人，尤其是詩人，一般都是既儒雅博學又好強自負，既清心寡欲又珍愛名聲。在李攀龍的身上，還具有敢愛敢恨、敢怒敢罵、倔強亢直的秉性，他崇尚節操，也崇尚俠義，追求宏大雅正的風格，從不與時俗同流合汙。

李攀龍很欣賞「前七子」領袖李夢陽、何景明的那些令人耳目一新的文學主張和雄健詩文，更喜歡他們藐視權貴利祿，一派光明磊落、大氣磅礡的人格魅力。

一天，嚴世蕃讓李攀龍根據他的意思，對一個邊防部隊的

統帥羅列罪名，欲置其於死地。李攀龍知道，這是因為這個統帥沒有巴結嚴嵩父子，結果惹怒了驕橫跋扈的他們。李攀龍不僅沒聽從嚴世蕃的命令，還毅然回絕了他。李攀龍這種不合作的態度，把習慣一手遮天的嚴嵩父子惹惱了。

「前七子」領袖李夢陽

李攀龍很清楚這樣做的後果，感覺在京城當官如履薄冰。他對京城吏事感到失望，情緒也很低落，於是有了外任的想法。他覺得，與其在京城受權貴的控制，還不如到地方做個小官替老百姓做些實事。

有〈除夕〉詩為證：

幾年仙省白雲間，此夕歸心醉裡閒。
九塞烽煙連北極，千門雪色照西山。
還知傲吏能違俗，未擬浮名好駐顏。
長孺淮陽今不薄，春花或恐滯燕關。

這年，李攀龍將母親和妻子都送回了濟南。

李攀龍一身傲骨，從不為求取升遷而攀交權貴。

他獨守心扉，萬物不爭。

他情思高遠，別無他求。

每提到與弄權者的不合作態度，李攀龍總是以「傲吏」自

稱，如「傲吏歲時頻臥閣，故人風雨一登樓」、「孤城自老風塵
色，傲吏終慚岳牧才」、「中原相望兩漫漫，傲吏重彈柱后冠」。
甚至為意氣相投的友人題詩時，李攀龍也以此作為褒語：「傲吏
高齋海岱開，長留明月照池臺。」

李攀龍以此明志，頗有「魏晉風骨」。

李攀龍有首〈送王侍御〉七言律詩，足可證明他「傲」的
膽識：

> 看君繡斧秣陵回，烏府遙應接鳳臺。
> 寒雨鐘山千水下，白雲秋色大江來。
> 時危攬轡中原出，日近封章北極開。
> 當道狐狸何足問，邊城今有郅都才。

王侍御就是王忬，蘇州府太倉人，即後來與李攀龍同為
「後七子」領袖的王世貞的父親，曾任山東巡撫、大同巡撫，
巡視浙江福建等地，重用戚繼光、俞大猷、湯克寬等，平倭有
功，進右都御史，後遭嚴嵩父子妒忌陷害，下詔獄，次年被斬
於西市。

此詩寫於王忬任薊遼總督為朝廷守護疆土時期。

詩中「當道狐狸何足問」暗指嚴嵩。

嘉靖年間，歪風邪氣盛行，皇帝胡亂發威，大臣們脅肩諂
笑，士大夫階層的正直之士性命難保，名和利都掌握在權臣手
中，官員的升降沉浮全由皇帝的喜怒來定。在這樣艱難的政治
環境中，李攀龍知道自己是不合時宜的人，難以擺脫這種腐朽

的政治圈子，以及官場因循的作風、複雜的人事關係。他只能堅持詩歌創作，以此來抒發個人的心志，顯示出追求精神獨立的堅定信念和無畏氣概。他堅持卓爾不群的品格，如雲天之間穿行的白鶴，將情懷寄託於山光水色。但他也不願當一隻縹緲孤鴻，有時，他也結交一些情投意合的上司，但更多的是與志同道合者以詩文相友善。

他在其〈白雪樓〉一詩中曾這樣寫道：

諸郎難得意，非是敢沉冥。
拙宦無同病，清時有獨醒。
千家寒雨白，雙闕曉煙青。
又值高樓雁，寥寥不可聽。

高空遠去的大雁，引起詩人無限感慨，這首詩流露出李攀龍不得志而鬱鬱寡歡的情緒。

時值奸臣當道，政治腐敗。此時的李攀龍仕途不順，又不願受權貴的控制，更不肯攀附以求升遷，於是，趁公務清閒，李攀龍與同年進士且又是同事的王宗沐、袁福徵創作了大量詩歌，並在同僚詩社和同鄉詩會的唱和酬答中，漸漸有了不小的知名度，而且，在不知不覺中形成了一個詩歌團體。

明代是一個充滿個性的時代，明代士大夫的精神既表現出這個時代的特徵，又推動這個時代前行。

文人結社是中國古代社會一種非常突出的文化現象，自唐中期後，一直是文人士子的重要活動方式。陳寅恪曾說過：「治

中國文化史者，當以社為核心。」明代是中國古代文人結社的鼎
盛時期，這是因為，明代前期的幾個皇帝都相當喜歡文學。皇
帝的喜愛，對明代的文學繁榮、興盛及文人結社的發展都產生
了重要的導向作用。據學者研究，當時結社的至少在六百家以
上，其範圍涉及政治黨爭、科舉制度、講學思潮、文學流派、
宗教風氣以及節日習俗等。

　　明代詩人結社賦詩的風氣，主要源自刑部，這是有其特殊
原因的：一是刑部十三司官員的人數在六部中是最多的，容
易形成群體。二是刑部官員因公務需求常常聚集在一起討論，
其間，可以不拘形式的自由交談。三是刑部官員都是擅長文字
的，這就為官員展示文學才華提供了平臺，也就順理成章的形
成了崇尚文學的風氣。

　　據史料記載，李攀龍所在的刑部辦公場所是白雲樓，從明
代詩人的詩集裡，能讀到許多與白雲樓有關的詩歌。

　　可以說，刑部的這種濃厚的文學氛圍，為李攀龍與同僚的
唱酬創造了良好的環境，也為他提供了展示文學才華的極好
機會。

　　與此同時，京城山東籍的同鄉，也常常在京設宴聚會，賦
詩唱和。

　　其中就有嘉靖二十六年（西元一五四七年）中進士、待職
京師的李先芳、殷士儋和臨清布衣謝榛等人。

　　後來，透過李先芳，李攀龍結識了志同道合的終生好友、

後七子另一位領袖人物 —— 王世貞。

李先芳（西元一五一〇年至一五九四年），字伯承，號北山，祖籍湖北監利，其祖遷居濮州李莊，即如今的山東省鄄城縣李進士堂鎮。該鎮現有「明朝進士李先芳」雕像。

李先芳十六歲能詩，二十歲中進士，是位英俊的才子，學術界有李先芳為《金瓶梅》作者之說。

李先芳曾先後任戶部主事、刑部曹郎、尚寶司丞、陞少卿、亳州同知、寧國府同知。

李先芳急公好義，喜歡結交天下有才之士。入京後，他與李攀龍性情相投，就提議成立詩社。詩社成立後，因社中大多為山東人，所以起名為「魯籍詩社」。

嘉靖二十七年（西元一五四八年），李先芳授官為新喻（今江西新余）知縣，離開北京，魯籍詩社解散。臨行前，李先芳介紹李攀龍加入刑部詩社。

隆慶三年（西元一五六九年），李先芳與李攀龍再次相聚，李攀龍在〈真定道中遇伯承戶曹〉寫道：「黃金結客樽前盡，白髮先春雪裡生。握手不須悲物役，梅花搖落故園情。」想當年意氣風發，而今卻已白髮如雪、無復少年意，今日握手相逢，不必為名利的得失而悲傷，還是像飄落的梅花眷戀故土一樣，我們彼此都珍惜同鄉之誼吧。

嘉靖末年，李先芳被貶，返回原籍。李攀龍聽說後，賦詩、寫信安慰。〈重寄伯承〉一詩寫道：

桃花不似玉顏紅，顧影揚蛾入漢宮。

才說長門人便老，黃金無賦買春風。

李攀龍在詩中暗用司馬相如〈長門賦〉一典，說陳皇后能以黃金買到相如之賦，卻買不到春風、青春，勸慰李先芳雖然沒有得到賞識，卻可以換得自由。隨後，李攀龍還邀請李先芳一起同登泰山。

嘉靖元年（西元一五二二年），殷士儋出生於濟南。其曾祖父殷衡曾在明德王府教書。殷士儋聰明過人，十四歲中秀才，十九歲中鄉試第五名舉人。

嘉靖二十六年（西元一五四七年），殷士儋考中進士，選為庶吉士，授任翰林院檢討。嘉靖四十一年（西元一五六二年），嘉靖帝為裕王朱載坖（也就是後來的明穆宗隆慶皇帝）選老師，殷士儋被選中，充任講官。

朱載坖稱帝當年，殷士儋升為侍讀學士，掌管翰林院事務，繼而又升為禮部右侍郎，不久又任吏部右侍郎，第二年接著升任禮部尚書。隆慶三年（西元一五六九年），殷士儋兼任文淵閣大學士，不久又晉升少保，升為武英殿大學士。

隆慶五年（西元一五七一年），遭到首輔高拱的排擠打壓後，加上厭倦了官場的爾虞我詐，殷士儋就辭官回到了家鄉濟南，選定元代萬竹園故址（今趵突泉公園西）為棲身之處，取名「通樂園」，園內有望水泉、東高泉、白雲泉等名泉。殷士儋在園內疊山疊石、疏泉築亭、構舍植花，隨後開始在此著書講

學，從者如雲。

康熙年間，曾任成山衛教授的詩壇怪傑王蘋購得此園，易名為「二十四泉草堂」。清代短篇小說之王 —— 蒲松齡以殷士儋小時候在萬竹園的故事為原型，創作了《聊齋志異》中的短篇小說〈狐嫁女〉。

殷士儋在此居家十一年，於萬曆九年（西元一五八一年）去世，葬於歷城黨家莊東鳳凰山南麓。朝廷追贈太保，諡號「文通」，後改諡號為「文莊」。

因殷士儋官至內閣大學士，人稱「殷閣老」。

殷士儋當年隱居處 —— 萬竹園

　　謝榛（西元一四九五年至西元一五七五年），明代布衣詩
人，字茂秦，號四溟山人、脫屣山人，山東臨清人。其十五歲
師從鄉丈蘇東皋學詩，十六歲作樂府曲辭，其作品在臨清、德
平一帶流傳甚廣，謝榛著有《四溟詩話》等。

　　嘉靖二十七年（西元一五四八年）中秋佳節，謝榛第一次
赴京，其間與李攀龍、王世貞等詩人相識。當時，謝榛已是聞
名遐邇的老詩人，而李攀龍和王世貞則是初出茅廬。他們聚集
在一起飲酒賦詩，探索詩歌創作的未來。

　　這次聚會在中國古典文學史上意義非凡，因為他們發現彼
此的政治抱負和文學理論都十分相似。從此，他們越走越近，
到最後成為一個詩歌團體，也就是文壇所稱的「後七子」。

　　四年後，當謝榛再次來到京城後，李攀龍、王世貞與徐中
行、梁有譽、宗臣、吳國倫等人邀請謝榛，結為詩社，一共七
人，人稱「七才子」。

　　「七才子」經常聚在一起，飲酒作詩，一起出遊，他們互相
影響，留下很多名篇佳作。李攀龍有一首〈秋前一日同元美、
茂秦、吳峻伯、徐汝思集城南樓〉，寫的就是其中一次聚會的
感受：

　　萬里銀河接御溝，千門夜色映南樓。
　　城頭客醉燕山月，笛裡寒生薊北秋。
　　胡地帛書鴻雁動，漢宮紈扇婕妤愁。
　　西風明日吹雙鬢，且逐飛蓬賦遠遊。

詩社在京城的名氣越來越大，七人詩才出眾，又正當盛年，文人的毛病漸漸顯露出來，他們才高氣銳，互相標榜，視當世無人。

李攀龍曾在王世貞所設的一次酒宴上，對謝榛推崇備至，並寫過一首褒揚謝榛的詩〈初春元美席上贈謝茂秦得關字〉：

鳳城楊柳又堪攀，謝脁西園未擬還。
客久高吟生白髮，春來歸夢滿青山。
明時抱病風塵下，短褐論交天地間。
聞道鹿門妻子在，只今詞賦且燕關。

京城的楊柳已綠意盎然，又到了折柳贈別的季節，像謝脁般詩才橫溢的謝榛正在園林中與友人歡聚，似乎還沒有歸去的想法。看著燕子從南方歸來，常年客居他鄉的布衣詩人，難免觸景生情，魂牽夢縈，思念故鄉的山山水水。在這樣的時代，謝榛不求顯赫的名望，拖著病弱的軀體，自甘岑寂，以布衣的身分，廣交天下朋友。謝榛將小家安頓在鹿門山那樣林深洞幽的地方，而今在京城吟詩作賦，只不過是他漫漫旅途中的短暫小憩而已，最終，他還是要回歸，離我們而去的。

詩中將謝榛比作南齊時期的著名詩人謝脁，當是很高的讚許；但也可以從中體味到文人墨客自我欣賞、相互捧場、缺少寬宏氣度的陋習。

另外，從此詩中，我們也可以感受到當時詩壇的山頭門戶風氣。

結社之初，謝榛為「後七子」領袖；之後，王世貞推尊李攀龍而排斥謝榛。隨著李攀龍的詩名漸盛，他便當之無愧成了「後七子」的領袖。

謝榛在「後七子」中，是唯一提出較完備的詩論主張的人。他提出的理論綱領更為系統化，取徑較廣，持論亦不拘泥，曾有「奪神氣」而不模仿形跡、「學釀蜜」而不蹈襲古人等主張。他主張復古，認為詩至盛唐便發展到了頂點；主張「選李杜十四家之最者，熟讀之以奪神氣，歌詠之以求聲調，玩味之以哀精華」。

「後七子」以詩會友

謝榛作為詩人，浪跡四方。三十歲左右時，他西遊彰德，向趙王朱厚煜獻詩。趙王對這位穿著破舊的詩人還算賞識，讓謝榛成了自己的門客。彰德，舊為鄴地，是漢末建安時期文人薈萃之地；而趙王也非等閒之輩，同樣富有文才，喜攬文士。這應該是謝榛居鄴的原因。

謝榛一生持俠義之風，浪跡四方，以寫詩為生，未曾入仕，享壽八十一歲，葬於河南安陽城南。

宗臣

宗臣（西元一五二五年至西元一五六〇年），明代文學家，字子相，號方城山人，興化（今屬江蘇）人，嘉靖二十九年（西元一五五〇年）進士，初授刑部主事，後改吏部員外郎。宗臣性耿介，不附權貴，嘉靖三十六年（西元一五五七年），因作文祭奠彈劾嚴嵩「五奸十大罪」而被下獄致死的楊繼盛，得罪嚴嵩，被貶為福州布政使司左參議。在任期間，宗臣曾率眾擊退倭寇，遷提學副使。

宗臣的創作，散文較出色。如〈報劉一丈書〉，有力的抨擊了封建官場的腐敗。其文重點描摹了奔走權門的無恥之徒的種種醜態，將他們貪緣鑽營、甘言媚詞、逢迎拍馬的細節刻畫得唯妙唯肖、入木三分。〈西門記〉、〈西征記〉則描寫抗倭戰爭，生動真切，指陳時弊也頗淋漓，都是較好的作品。他的詩歌，起初學習李白，頗以歌行跌宕自喜，表面上也追求超忽飛動，

但缺乏李白詩那特有的豪邁氣勢和充沛感情。

宗臣與李攀龍、王世貞等齊名,合稱明「後七子」。他的文章較少模擬習氣,在「後七子」中成就較為突出,著有《宗子相集》。

梁有譽(西元一五一九年至西元一五五四年),字公實,號蘭汀居士,明代文學家,廣東順德人。他師從黃佐,與同窗好友黎民表、歐大任、吳旦、李時行相與唱和,結南園詩社,世稱「南園後五子」。

嘉靖二十九年(西元一五五○年),梁有譽中進士,授刑部主事。他在京與李攀龍、王世貞、謝榛、宗臣、徐中行、吳國倫共結詩社,風靡一時,人稱「後七子」。

至嘉靖三十一年(西元一五五二年),梁有譽因思念親人,便稱病歸里,閉門讀書。在嘉靖三十三年(西元一五五四年)十月,他與黎民表相約遊羅浮山,受海上大風吹襲得疾,於十一月去世,年僅三十六歲。

徐中行(西元一五一七年至西元一五七八年),明代文學家,字子輿(一作子與),號龍灣,湖州長興(今屬浙江)人。其相貌俊美,喜愛喝酒。嘉靖二十九年(西元一五五○年)進士,授刑部廣東司主事,歷官汀州知府、雲南參議、福建按察使、江西左布政使等職。廣東賊寇蕭五來犯,御之,有功。兵部武選司楊繼盛上疏彈劾奸相嚴嵩,被捕入獄,徐中行不懼牽連,公然探獄,贈送食物。楊繼盛被害後,徐中行又為其料理

喪事，引起嚴嵩忌恨，被貶為長蘆鹽運判官，遷陽州同知。後徐階當政，遷湖廣僉事，積貯糧，救活飢民萬餘。

嘉靖四十五年（西元一五六六年），徐中行因母喪回長興，與在浙江長興任縣丞的吳承恩相識。後來，兩人成了莫逆之交。徐中行聽說吳承恩在創作一部奇書，叫《西遊記》，十分讚賞。於是，徐中行多次向吳承恩講述自己任河南汝寧知府期間所遊覽的嵖岈山景色，特別向吳承恩講述了數次登臨嵖岈山的感受，並吟誦了自己的詩作〈嵖岈仙蹤〉：「嵖岈山上覓仙蹤，石猴屹立半空中。聖僧講經訓愚頑，正果得道始大成。」吳承恩聽了徐中行的講述，尤其是聽到唐僧曾多次到嵖岈山講經並教化石猴成為徒弟的故事，有些心馳神往。

後來，吳承恩因私自開倉放糧賑濟災民被彈劾下獄。徐中行知道後，設法救出吳承恩並勸他到嵖岈山避禍。於是，吳承恩由揚州抵南京，乘船溯江而上到達武漢，再由京漢故道騎驢至汝寧府地，終於在嘉靖四十三年（西元一五六四年）秋天登上了嵖岈山，開啟了他醞釀創作《西遊記》的藝術之門。

徐中行著有《天目山堂集》二十卷、《青蘿館詩》六卷傳世。徐中行過世後葬在雉城東河泊所，王世貞為他撰寫墓誌銘。

吳國倫，字明卿，武昌興國（今屬湖北）人，生於嘉靖三年正月二十二日（西元一五二四年二月二十五日），嘉靖二十八年（西元一五四九年）中解元，嘉靖二十九年（西元一五五〇年）中進士，初授中書舍人，後擢兵科給事中。

吳國倫

嘉靖三十四年（西元一五五五年），吳國倫得知被嚴嵩排擠出京的「後七子」之一梁有譽病逝，與王世貞、宗臣等「相與為位，哭泣燕邸中」，因此得罪嚴嵩。同年十月，兵部員外郎楊繼盛奏劾嚴嵩「五奸十大罪」，而偏信嚴嵩的世宗皇帝被激怒，將楊打入詔獄，後處斬。楊被斬次日，吳國倫與王世貞等為楊「酹酒泣奠」，並積極為楊募捐，辦理喪事，安頓家小，因此更加惹怒了權勢熏天的嚴嵩父子。結果，他很快被嚴嵩找藉口貶為江西按察司知事，後又調南康推官。

吳國倫赴江西途經順德（今河北邢臺）時，在順德當知府的李攀龍設宴為他送行。除了表達極大的同情，李攀龍還希望吳國倫振奮精神，於是，他寫了一首〈於郡城送明卿之江西〉：

青楓颯颯雨淒淒，秋色遙看入楚迷。
誰向孤舟憐逐客，白雲相送大江西。

江邊的青楓，被寒風吹打得颯颯作響；寒風中的細雨，綿綿而淒冷。遙看水天相接處的楚天，雨中秋色，一片迷濛。此時，有誰會到這孤舟上，憐惜被放逐的你呢？只有白雲一路相伴，送你到大江以西。

這首詩寫得低沉含蓄，一往情深。首句連用兩個疊聲詞，聲調短促，緩拍慢奏，表達了送行人依依不捨的心情。第二句

中的「秋色」，既點出季節又隱含著遭遇的黯淡，而一個「迷」字，既是寫景物在細雨中的迷離又寫出送行人心中的淒迷。前兩句寫送別的淒涼和無奈，透過描寫寒雨中蕭瑟的秋色，展現了作者無盡的悵惘。後兩句以天上飄浮的白雲，讓讀者進入一種高爽氣朗的境界，寄託自己的情感，筆意灑脫，抒情味極濃。第四句，一個「大」字，不僅在聲音上有著洪亮的聲調，而且給了讀者一個開闊的視野，氣勢豪邁，也隱含著對嚴嵩等勢力精神上的藐視。

嘉靖四十一年（西元一五六二年），嚴嵩事敗，吳國倫被朝廷起用。吳國倫歷任建寧同知、邵武知府、高州知府、貴州提學僉事、河南左參政，後罷歸；歸里之後，詩名很高。當時求名之士，或東走太倉（王世貞），或西走興國（吳國倫）。

萬曆二十一年六月二十三日（西元一五九三年七月二十一日），吳國倫病逝家中，享壽七十歲，葬於州城東北十里之外的陳埠老鸛嘴。

吳國倫輕財好客，交遊廣泛，當時許多文化名人都以與他往來為榮。他一生任職過很多地方，先後在北京、江西、福建、廣東、貴州、河南等地任職，足跡踏遍半個中國。所到之處，他總是踏訪當地名勝古蹟，且喜歡「彩毫隨處紀名山」。廣東宋皇城遺址、肇慶七星岩、江西滕王閣、廬山等地都留有他的詩作和題刻，如今這些名篇佳作已成為當地寶貴的文化財富。

王世貞（西元一五二六年至西元一五九〇年），生於嘉靖

五年十一月初五，卒於萬曆十八年十一月二十七日，字元美，號鳳洲，又號弇州山人，南直隸蘇州府太倉州（今江蘇省太倉市）人，明代文學家、史學家。

王世貞為嘉靖二十六年（西元一五四七年）進士，先後任職大理寺左寺、刑部員外郎和郎中、山東按察副使青州兵備使、浙江左參政、山西按察使，萬曆時期歷任湖廣按察使、廣西右布政使，鄖陽巡撫，後因與首輔張居正結怨被罷歸故里。張居正死後，王世貞起復為應天府尹、南京兵部侍郎，累官至南京刑部尚書，卒贈太子少保。

他著有《弇州山人四部稿》、《弇山堂別集》、《嘉靖以來內閣首輔傳》、《藝苑卮言》、《觚不觚錄》等。

王世貞是李攀龍志同道合的一生摯友，他們彼此間的唱和詩及書信往來頗多。

王世貞

李攀龍去世後，王世貞獨操海內文柄近二十年，是倡導文學復古運動中最重要的人物。他所寫的《李于鱗先生傳》與殷士儋所寫李攀龍之父墓誌銘、李攀龍墓誌銘，都是研究李攀龍的重要資料。

透過參與聚集唱和，與詩社的友人論詩談文，李攀龍逐漸找到了情投意合的詩友。

嘉靖三十一年（西元一五五二年）初春，詩社的七子頻繁聚集，有許多唱和的詩作問世。

不久，謝榛因兒女婚事先離開京城，諸子送別，李攀龍特意寫了一首詩〈送謝茂秦〉：「孝宗以來多大雅，布衣往往稱作者。謝家玉樹操郢音，其音彌高和彌寡。寅梁曾曳王門裾，遊燕欲薦中涓馬。豈無冠蓋映當時，滿眼悠悠世上兒。文章千載一知己，交結何須鍾子期。此物有神兼有分，富貴浮雲不與之。盧楠坐銜越石恩，醉後感激肝膽言。蒼鷹睥睨鸚鵡賦，身掛羅網何由翻。殷憂楚奏秦庭哭，遂雪黎陽國士冤。歸去東將釣滄海，安能貧賤常丘樊。早借江鴻報消息，或臥春雲且故園。」李攀龍以「文章知己」稱述兩人關係，並高度讚揚了謝榛營救盧楠的壯舉。

盧楠是河南浚縣人，明代嘉靖年間的著名詩人和辭賦家。謝榛在安陽居住時，與盧楠結識，並成為好朋友。後來，盧楠得罪了知縣，被投入獄中，將被處以死刑。

看到朋友身陷囹圄，謝榛心如刀絞。他帶著盧楠的著作到

北京求見達官貴人。為了打動達官貴人，謝榛先是朗誦盧楠的詩賦，然後哭訴道：「盧楠真是遇到了天大的冤枉啊！他活著的時候，你們不幫著他平冤昭雪；他死了之後，再寫什麼像哀悼賈誼那樣的辭賦也沒有用處了。」

在刑部任職的王世貞被謝榛的真情所感染，幫助謝榛一同為盧楠奔走、辯白。最後，盧楠得以無罪獲釋。

謝榛離開京城後不久，梁有譽因病遞交辭呈。

六月，梁有譽獲准回籍。諸子在天寧寺送別梁有譽，各賦詩二首。李攀龍作〈夏日同元美、子與、子相天寧寺送別公實〉，其二曰：「西域黃金地，南訛大火天。贈言回白雪，寒色動青蓮。幻跡抽簪外，浮名把袂前。古今皆涕淚，去住各風煙。」另賦一首長詩〈送公實還南海〉，詩中回顧了七子京師宴集情景：「憶昨擊築飲燕市，酒酣以往氣益振。黃金之臺空嶙峋，華陽之館誰為薪。……梁生徐生情最親，宗生王生詩更新。經過但坐歌白雲，罷曲徬徨若有神。」隨後，筆鋒一轉，鼓勵梁有譽：「梁生此事成萬古，欲別牽裳遂具陳。羅浮之山何崔嵬，下臨莽蒼波濤開。維舟跋浪長鯨出，倚杖垂天大鳥來。北望中原寥廓哉。飛崖坐攬百粵色，群峰黯渺行風雷。梁生之廬構煙霧，千尋薜荔青摧頹。有時高詠反招隱，岩壑無人秋雨哀。尉佗椎結本趙俠，陸賈縱橫一漢才。丈夫有道在龍蠖，還能與世相徘徊。梁生何為終蒿萊，梁生慎勿終蒿萊。」

冬季來臨，宗臣患病咯血，上疏請歸。十月疏准，宗臣離開京城。

李攀龍眼見著志同道合的朋友相繼離去，心情沉重起來。

他問宗臣：「元美翩翩多奇氣，南越梁生亦雄視；二子招攜從此逝，爾今臥病緣何事？」

李攀龍送別宗臣與送別梁有譽時的心情迥異。

他在〈送子相歸廣陵〉絕句七首中的第四首寫道：「薊北青山照別戶，請君聽我秋風辭。揚州十月梅花發，江上春光好贈誰？」由此推彼，李攀龍把對友人的無限留戀款款道出。送梁有譽時尚有無限豪邁，激勵梁有譽不要終生臥病「蒿萊」，而此時宗臣的離去，卻使他悲從中來：為什麼一年之內，朋友這麼快的離散了，難道是詩歌釀的禍？其實他不知，這與嚴嵩有關係。嚴嵩不僅喜歡玩弄權術，還喜歡當文壇的領袖，他想將天下的風雅之士都收歸他的旗下。可「後七子」根本不理睬他，這勢必會惹怒嚴嵩，也必然會遭到嚴嵩的算計、排擠和報復。

隨著朋友的先後離散，加上對所處環境的不適，李攀龍有了離開京城外任的念頭。他始終相信：名馬不受羈，足下有千里；黃鵠不受羅，羽翼就四海。

第三章　結社唱和調相同

第四章
辭官歸隱白雪樓

為人孤傲的李攀龍以嵇康、陶潛自比,暫安於這種隱居生活。除了一二知己,他杜門謝客,讀書吟詠,不與權貴往來。

大概是李攀龍的名氣所致,「鮑山白雪」在明代被列為「濟南十六景」之一。

嘉靖三十二年(西元一五五三年)春天,李攀龍出任北直隸順德府(今河北省邢臺市)知府。

李攀龍離開京城時,送行的只有「七子」中的徐中行。臨別時,徐中行賦詩一首:

去春從君燕市遊,眼中諸子同杯酒。
今春送君濠梁上,爾我躊躇自攜手。

詩句透著無限的淒涼和依依不捨的情懷。

李攀龍回贈一首長詩〈留別子與〉：

從君幾醉燕京酒，舊遊花月回白首。
相看零落眼中人，二子河梁重攜手。
憶昨青山坐西署，於今此事成不朽。
交態蕭條爾自諳，浮名慘淡吾何有。
爭道賢豪擁上林，華陽臺館盡黃金。
長卿詞賦徒壁立，曼倩佯狂合陸沉。
平生得意向知己，常將顏色當同心。
北望諸陵一拊髀，悲風千里來寒陰。
春草如雲覆四野，我行透遲五其馬。
十載為郎願已違，出門況復悠悠者。
漢臣猶未老馮唐，每飯豈忘鉅鹿下。
歲晚江湖夢獨遙，秋深鴻雁書堪把。

此詩充滿了秋風蕭瑟的寒意，也表露出李攀龍精神上的蕭
索。隨著各位詩友的離散，曾經的歡娛也都成了過眼煙雲，令
人刻骨感傷。

順德地處北直隸南部，當時是個面積不大且貧瘠的邊陲之
地。當年，韃靼常常沿太行山南下，給地方帶來兵亂之禍，又
因順德位於京城近郊，迎來送往的繁雜之事頗多，治理工作很
難推展。

順德府

　　此次出任順德府知府，屬於外放，相當於降職被調往偏遠
的地方就任，因此，李攀龍心情多少有些憂鬱。儘管他知道
在順德府這種小地方很難施展自己的政治抱負，但他仍盡心盡
力，革除弊政，救濟貧弱。到任後，他就開始調查研究，結合
當地的實際情況廣施善政：首先，減輕百姓的負擔，減免中央
不合理的徵賦，還利於民；其次，削減不合理的徭役；再次，
安定地方治安；此外，還嚴格執行保甲制度，以此消滅盜賊。

　　三年任期中，李攀龍政績卓著，做了一些既有利於鞏固明
王朝統治又為百姓帶來一定利益的事，如：輕徭薄賦，減輕百
姓負擔；政刑寬簡，民無冤情；增設驛站；減輕人民勞役負擔；
關心學校發展和士子們的生活狀況等。李攀龍因此得到了順德
老百姓的愛戴和稱讚。

黃楡嶺（又名黃魚嶺）風光

　　主政順德期間，李攀龍留下了許多酬贈詩、山水詩，是為
順德留下詩篇最多的古代著名詩人之一。〈登黃楡、馬陵諸山，

是太行絕頂處〉、〈登邢臺〉、〈春興〉等是其這一時期的代表
作。好友王世貞也曾多次來到順德府，在李攀龍的陪伴下，遊
覽了順德的山山水水，這使王世貞詩詞內容更加豐富多彩。他
們一起寫下了許多歌詠順德山水的詩文。如兩人同登太行雄關
黃榆嶺時，各自用詩詞表達了對大美太行的讚頌。

李攀龍在〈登黃榆、馬陵諸山，是太行絕頂處〉其四中
寫道：

千峰郡閣望嵯峨，此日賽帷按塞過。
落木悲風鴻雁下，白雲秋色太行多。
山連大陸蟠三晉，水劃中原散九河。
回首薊門高殺氣，羽林諸將在橫戈。

王世貞也用七律詩進行唱和，其中〈登黃榆最高處〉其一
這樣寫道：

太行無際碧天愁，榆塞賽帷萬古收。
紫氣東盤滄海出，黃河西抱漢關流。
纛鞬忽動雙鴻瞑，刁斗頻敲萬馬秋。
薄伐到今仍列戍，教人無奈說并州。

有一次，兩人在府衙前郡樓上宴請友人，席間，唱和詩
文。李攀龍有一首寫給王世貞的詩〈郡城西樓〉：

使君杯酒郡城樓，倚檻高臨落日愁。
河朔浮雲連巨麓，太行春雪照邢州。

自憐叔夜常多傲，無那相如故倦遊。
畫省少年人所羨，風塵豈亦念淹留。

王世貞和詩寫道：

使君杯酒一登樓，倚檻蕭條木葉愁。
不盡天風吹大陸，何來岳色滿邢州。
匣中星動雙龍夜，柝裡寒生萬馬秋。
為問郡曹諸記室，幾人能並李膺遊。

這些詩作，記錄下了李攀龍與王世貞的真摯友情，也充分表現出了他們對順德大地山河由衷的熱愛。

在河北省永清縣北辛溜鄉西鎮村，曾流傳著一個狐仙故事，而且這個故事當年的知名度很高，後被李攀龍整理並收錄於他的文集《紀幻寓譚》中。

故事譯成白話大概如下：

明代成化初年，有一個姓龐的永清人，名字已經不可考，到汴京城（今河南開封）出差，住在一家旅館裡。一天，開封府有戲曲演出，因為演出精彩，臺下擠了萬餘觀眾，叫好聲、喝彩聲不斷。這位龐客官就在觀眾中間，翹首觀看著。

傍晚，觀看完演出，龐客官回到了旅館，剛進門，就有三個穿青衣的年輕人來訪。其中一個自我介紹道：「我們都是您的老鄉，有一封平安信，想煩您帶回去，幫我們去看看我們的父母！」龐客官慨然應允。三人拉著龐客官來到開封

玉津園的一家酒樓，三人殷勤款待，席間相談甚歡。龐客官就問他們的姓氏家鄉。他們說姓胡，又說：「您的家鄉有個西鎮，我們家就在西鎮的後面。在一個高土坡上，有一個小村子叫小姑村，那就是我們家了。」

後來，龐客官擇日北還，三個年輕人一直把他送到河邊，看他上了船，還不斷的叮嚀他，不要忘記向他們的父母報平安。

龐客官回到永清後，就到西鎮村後尋找，只見林木蓊鬱，怪石嶙峋，卻根本看不到小姑村的影子。他又向西鎮村和旁邊村的人打聽，他們也都不知道小姑村在哪裡。龐客官去了幾次，仍然找不到。

這一天，他又從西鎮查訪回來，天色已晚，過北面的土坡時，迎面遇到一個人，那人問道：「您是要去小姑村嗎？」龐客官大喜，連說「正是」，並請那人替他帶路。那人把他帶到一個地方，只有兩、三戶人家。龐客官就問這人：「胡老爺子家是在這裡嗎？」那人也激動的說：「胡老爺子就是我表爺啊！您往這裡請！」那人把龐客官讓進一家門戶。只見這戶人家，門戶重疊，房屋高大，金碧輝煌，如同王侯之家一般。

一會，從內室走出來一位老翁，高冠博帶，一身富貴之氣，滿臉慈祥之色。胡翁恭敬的請龐客官坐在堂上。龐客官就把三位年輕人所託書信呈給了胡翁，胡翁看後笑道：「我的三個小兒久居汴京，已經很久沒有音信了，能見到您捎來的這封家書，真是抵得上萬金啊！」於是，胡翁又請龐客官移駕到別院，擺上豐盛的宴席，很多菜餚都是龐客官沒有見過

也沒吃過的東西。不一會，又有十幾位漂亮的女子前來獻歌獻舞，以助酒興。

龐客官再三告辭，胡翁則一再挽留，最後實在挽留不住，胡翁就從身上解下一顆明珠送給了龐客官，以表謝意。龐客官也不好意思再拒絕，就收下放入了衣袖中，並告別胡翁。

就在出門的時候，龐客官被門檻絆倒。他從地上爬起來再抬頭一看，哪裡還有什麼胡府和小姑村，明月斜照之下，幽靜的土丘上只有一眼土窟。

這位龐客官知道這胡家一定是狐仙所化，但他為人善良謹慎，從來沒有把這件事告訴別人，生怕有歹人知道了，會毀掉洞窟，破壞狐仙的修行，也汙損自己的德行。

後來，這位龐客官壽高九十餘歲，無疾而終。

因政績卓著，嘉靖三十五年（西元一五五六年）夏，李攀龍被提升為陝西按察司提學副使。

李攀龍到任之後，立即投入工作之中，風塵僕僕、馬不停蹄的到管轄區域考察學校，從西安府、延平府到平涼府等地，往返達四千餘里，考察了六十多所學校。他充滿熱情，想要在任內做出一番成就，為國家培養和選拔一批人才。

李攀龍並沒有像一般督學那樣讓學生「一心只讀聖賢書，兩耳不聞窗外事」，而是注意引導學生們關注國家大事、民族安危。他從當時北方蒙古的掠擾、南方倭寇的侵犯等社會現實出發，讓學生們學以致用，以報效國家為己任。

　　嘉靖三十六年（西元一五五七年）春天，李攀龍來到平涼府（今甘肅省平涼市）巡查軍隊戰備情況。當他站在古老的平涼城城牆上，極目遠眺，沒有看到一簾煙雨、楊柳依依，也不見人面桃花、草長鶯飛，風沙瀰漫的西北邊塞戈壁灘上，滿眼是白草黃沙、殘陽如血的景象。當看到平涼府的大牧馬場上，如彤雲翻滾的戰馬在迅猛的奔跑，就彷彿看到了戰旗迎風招展的明朝軍隊，在邊關塞外廣袤的沙漠中馳騁作戰的宏大場景。此時，他很想效法班超，投筆從戎到萬里之外建功立業，可是，感到慚愧的是，自己大半生空談治國濟民的經術，坐以論道，如今已經兩鬢斑白，心有餘而力不足了。

　　這就是李攀龍當年寫下的那首著名的〈平涼〉七言律詩：

　　春色蕭條白日斜，平涼西北見天涯。
　　唯餘青草王孫路，不入朱門帝子家。
　　宛馬如雲開漢苑，秦兵二月走胡沙。
　　欲投萬里封侯筆，愧我談經鬢有華。

　　此詩借助豐富的想像力，為我們展現出平涼冷落、寂寥的春色，荒蕪的邊城，就如同蒙上了一抹灰暗、冷峻的色調。詩人撫今追昔，用精鍊的語言，描繪出秦漢強盛時期，軍隊在邊關塞外沙漠中馳騁作戰的圖景。在這歷史與現實的交迭之中，既包含了詩人對人世滄桑的深沉回顧和感嘆，也表現出了詩人關心國家社稷安危的情懷。

　　陝西巡撫殷學，山東東阿人，初授合肥縣知縣，以才學而

先後選為山西道監察御史、河南布政使參政、浙江按察司、山西右布政使、陝西左布政使等，因政績卓著而不畏權貴，以勇於上疏彈劾權貴、說別人不敢說的話而名於朝堂。

作為陝西按察司提學副使的李攀龍，雖與殷學互為老鄉，但一個是通過殿試的進士，一個是皇帝賞賜的進士；一個是主掌治安、教育的地方行政監察，一個是掌握軍政、民政的全省軍政長官；一個性情疏放不羈，一個自命不凡、清高孤傲。因為兩個人的地位、出身、性情迥然不同，他們雖為老鄉，卻少有走動。

本來大家都是山東老鄉，理應好好相處，彼此在工作上相互照應，但殷學覺得自己職位比別人高，唯我獨尊，經常對部下呼來喚去，倨傲無禮，剛愎自用。已是著名詩人的李攀龍，對殷學頤指氣使的傲慢樣子極為反感，也難以忍受他挾勢倨傲的作風，就一直不買殷學的帳。

一天，殷學聽聞李攀龍有極高的文名，就想讓他代寫一篇文章。這本來沒有什麼，問題在於，殷學竟然以居高臨下的架勢，向李攀龍下了個文書命令其執筆。李攀龍本是性情中人，磊落坦蕩，見他下的文書後，頓感受到了侮辱，不由得大怒起來：「你命令我寫，我就寫嗎？那是不可能的。」然後，李攀龍寫了一篇〈乞歸公移〉報告，送到了殷學的案桌上，要求告病還鄉。

真正有風骨的讀書人寫文章，分為勉強為之和真心流露兩種。他們最不願寫的是阿諛奉承和命令式作文。

殷學不知道李攀龍的心裡始終藏著中國文人的端然姿態，只是覺得李攀龍有些矯情。他先是假意挽留，一看不行，就以官位要挾李攀龍。

李攀龍說：「你以為我很看重這個官位嗎？」

殷學沒想到李攀龍根本不給他面子，更不願為五斗米而折腰。

也許，他覺得李攀龍會像其他的部下一樣，對他的發號施令言聽計從，滿足他的專橫跋扈。

二人互不相讓，鬧得不歡而散。

李攀龍以疾病上疏請辭陝西提學副使任。

而事實上，李攀龍當時身體的確不佳，在任期間受到幾次地震的驚嚇，又患有心臟病，所以，以回鄉養病為由提出辭職。

王世貞知道後，曾極力勸阻，但李攀龍去意已決，並把辭官看作是自己更高精神追求的開始。

他想醉心遨遊山與水，心思簡淨詩與文。

他想不與世聞脫凡塵，北渚臺上看捲雲。

臨行前，李攀龍作〈送鄭生遊大梁詩〉：

君不見黃鵠高飛未可羅，榆枋之雀奈我何。
拂衣春色為黯淡，故山高臥白雲多。
風塵誰識大梁行，夷門輕薄笑侯生。
虛左莫言公子事，今日邯鄲已罷兵。
金丹初出照人寒，瑤草千年老鶡冠。
更欲清秋觀渤海，那能渴病滯長安。

明嘉靖三十七年（西元一五五八年）夏秋之交，未等吏部批准，四十五歲的李攀龍就拂袖而去，回到了濟南。

　　像李攀龍這樣不經奏准就拂袖而去、轉身離職，將永遠失去當官的機會。在一般人看來，這太不理智了，也太使小性子了，為這點小事就棄官而去，簡直是莽撞的舉止、不用腦子的衝動。但李攀龍不這麼認為，他覺得自己的詩文應得到尊重，既然上司如此傲慢無禮，為了維護自己的人格尊嚴，這官當不當，也無所謂。

　　是什麼原因使得李攀龍如此決絕且不顧一切？

　　是尊嚴，是被性情剛毅的李攀龍看得至高無上的文化尊嚴！

　　顯然，李攀龍要維護的，不僅是文章的尊嚴，還有文化人的群體尊嚴。李攀龍顯然是用最後的努力來抗爭的，他說：「要論按察司副使的職務，我是你的下屬，但我還是皇帝欽命巡視學政的提調學校，這就不是你的下屬了。」

　　李攀龍對殷學的抗爭，絕非一般的性格不合或意氣之爭，而是文學之於政治，是清高的文化對於蠻橫的威權的抗爭。[06]

　　李攀龍辭官的消息一傳開，在當時影響很大，許多人寫詩寄慰。徐中行寫〈于鱗謝病歸濟南寄訊〉，吳國倫作〈寄懷于鱗四首〉，謝榛也寫有〈寄李學憲于鱗〉。謝榛在詩中寫道：「西盡三秦勝，拂衣歸故林。搜詩慘淡色，遠世寂寥心。」而宗臣則

在一封信中說，「鄙人明春幸不罷，即亦上書自罷。三四月間定得與足下握手長嘯，醉蔡夫人酒耳」，表示也要追隨李攀龍辭職，到時會去濟南府拜訪，並且喝著蔡姬端來的酒大醉一場。

李攀龍回到濟南時，王世貞正在青州掌管軍事監察大權的任上。

王世貞作〈李于鱗罷官歌〉讚揚其決絕的勇氣，李攀龍在〈拂衣行答元美〉中描述了自己在官場所受的束縛及辭官歸來後獲得的自由：

> 五原驅車興殊淺，三秦臥病秋雲高。
> 束帶那能見長吏，談經何以隨兒曹。
> 上書一日報明主，願乞骸骨歸蓬蒿。
> 小臣采薪業不佞，聞道巢由亦已逃。
> 拂衣中原風雨來，群公祖帳青門開。
> 二疏一去三千載，大夫未老寧賢哉。
> 新鄉城西重回首，當時叱馭其人走。
> 路傍伏謁莫敢動，囊裡俸錢君但取。
> 此輩交情雖可見，吾徒大名終在口。
> 於今偃息南山陲，閉戶不令二仲知。
> 負海少年大跋扈，遣使問我抽簪期。
> 百爾不分一狂客，余發種種何能為。
> 玄經半卷常自誦，濁酒千鍾醉不疑。
> 五子江湖正漂泊，黃鵠摩天慕者誰。

李攀龍回到濟南，先是住在東郊鮑山附近的東村，臥病休

養，此處，推窗就可以看見華不注山、大清河和小清河。從他寫的〈夏日東村臥病〉十二首詩中可以看出，他仰慕司馬相如的際遇，說明他依然心存濟世的念頭，還是想有一番作為的。

其間，為子嗣延續，李攀龍又納盧氏為妾。

濟南城東約十五公里處，王舍人街道東，有一座海拔一百一十九公尺的山。相傳，昔日附近有一座石城，名叫鮑城，是春秋時代齊國大夫鮑叔牙的食邑。山因城得名「鮑山」。

鮑叔牙墓就在鮑山的東北角，距山約五百公尺。

昔日，這裡花草繁盛，繁木成蔭，石岩苔碧，浮嵐滴翠，澗幽水清，蔚然深秀。

北宋散文大家、史學家、政治家曾鞏，當年任齊州（今山東濟南）知州時，曾為鮑山寫下過一首詩〈鮑山〉：

雲中一點鮑山青，東望能令兩眼明。
若道人心是矛戟，山前那得叔牙城？

鮑叔牙，史書中又稱鮑叔，春秋時期齊國的著名大夫，以善於知人著稱。少年時，鮑叔牙和管仲是很好的朋友，後因齊亂，鮑叔牙隨公子小白出奔莒國；管仲則隨公子糾出奔魯國。齊襄公被殺後，糾和小白爭奪君位。小白得勝即位，即齊桓公。當齊桓公欲用鮑叔牙為宰相時，鮑叔牙力薦管仲，勸說齊桓公要不計前仇，以國家為重。他說：「君將治齊，即高傒與叔牙足矣。君且欲霸王，非管夷吾不可。」齊桓公乃任用管仲為

相，位在鮑叔牙之上。管仲十分感慨的說：「生我者父母，知我者鮑子也。」由於鮑叔牙的讓賢舉能，管仲得以進居高位，施展他的政治抱負。他與鮑叔牙等人一起，修國政，改制度，興練甲兵，移風易俗，親睦鄰國，朝天子，令諸侯，終於使齊國成為春秋時的霸主。可以說，沒有鮑叔牙，就沒有管仲相齊，也就沒有齊桓公之霸業。

　　《史記‧管晏列傳》說，管仲出生在貧寒家庭，家徒四壁，家裡經常斷炊。管仲和鮑叔牙一起做生意，鮑叔牙出本錢，等賺了錢以後，管仲總是多分一些。鮑叔牙的夥計們鳴不平，但鮑叔牙解釋說：「管仲家裡窮，他需要多拿些錢奉養自己的母親。」於是，「管鮑分金」的故事從此流傳開來。

管鮑分金

　　濟南鮑山上就建有分金橋，以此來紀念「管鮑分金」這段

佳話。

鮑叔牙死後，葬於鮑山山坡下，後人為紀念這位德行高尚、忠厚低調的先賢，把此山稱為「鮑山」，其名沿用至今。

嘉靖三十八年（西元一五五九年），在王世貞的建議下，李攀龍用積蓄在王舍人莊東北隅鮑山前建樓，後改稱「白雪樓」。

「白雪樓」，是借戰國末期楚國辭賦作家宋玉〈對楚王問〉一賦中「陽春白雪」、「曲高和寡」之意，李攀龍以此表達他孤高自許，不同流俗。對於這座白雪樓，李攀龍在〈酬李東昌寫寄《白雪樓圖》並序〉中記述道：「樓在濟南郡東三十里許鮑城，前望太麓，西北眺華不注諸山；大小清河交絡其下。左瞰長白、平陵之野，海氣所際。每一登臨鬱為勝觀。」

舊時「濟南十六景」之一的「鮑山白雪」指的就是這座白雪樓。

李攀龍的摯友王世貞在〈寄題李于鱗白雪樓〉一詩中描寫道：

平楚蒼然萬木齊，嵯峨飛閣岱雲低。
峰頭玉蕊春長在，檻外金莖夜不迷。
賦就梁園無左席，書來郢曲有新題。
何人強責元龍禮，不遣清尊吾輩攜。

鮑山勝景

清代詩人董藝在他的〈白雪樓〉一詩中讚美道：

好事爭圖白雪樓，鮑山蒼翠矗高秋。
鍾譚凋謝虞山死，始信江河萬古流。

　　李攀龍回到濟南，心情變得寧靜而愉悅，無官一身輕，身體也漸漸康復起來。就像倦鳥，回到了屬於自己的巢穴，極目遠望，眼裡的山山水水都流光溢彩、生機勃勃。許多不知名的野花，散落在白雪樓的四周，一路踏青，心也變得特別柔軟。

　　古時的文人騷客，每到孤寂絕望的時刻，一定會寄情山水。他們嚮往山林的幽靜，輕扣月下的柴門，焚香煮茶一小盞，仰觀漫天的星辰，垂釣於渭水之濱，高山流水尋知音……

正是大自然的撫慰，讓他們澄心忘俗，氣爽神清，曠達明淨，重新喚起「春風得意馬蹄疾，一日看盡長安花」的飛揚氣勢，從而，「華髮風塵過，青山雨雪開」。

李攀龍即是這樣的人。

他寫將湖光山色收入眼底的白雪樓：

> 伏枕空林積雨開，旋因起色一登臺。
> 大清河抱孤城轉，長白山邀返照回。
> 無那秫生成懶慢，可知陶令賦歸來。
> 何人定解浮雲意，片影飄搖落酒杯。

他寫鄉居生活的寧靜恬美：

> 田家何所有？樽酒結綢繆。
> 散髮坐園中，轆轤牽寒流。
> 擊我青門瓜，聊且克庶羞。
> 雨氣蕩暄濁，披襟御南樓。
> 開軒納山色，餘映一以收。
> 雲霞羅四隅，煙火蔽林丘。
> 伏陰秀禾黍，餉婦媚原疇。
> 西望華陽宮，若見清河舟。
> 登臨信亦美，曠然銷人愁。

他寫幽幽碧波的丁香灣：

> 平潭澹不流，寒影千峰集。
> 斜陽一以照，彩翠忽堪拾。

他在〈九日登樓〉一詩中描寫暮色中的濟南城倒映在水面上的美景：

白雁黃花處處秋，鮑山風雨獨登樓。
忽驚返照湖中出，轉見孤城水上浮。

他寫重陽節時的〈四里山〉：

床頭濁酒泛黃花，門外蕭蕭五柳斜。
此日登高人盡醉，誰知秋色在陶家。

他寫雲雀在樓閣上婉轉啼啾，寫老牛車在雨水中不知疲倦的轉動，寫啾啾的蟬語劃破天空的遼闊，寫田野上一、兩個往來其中送飯的婦人，寫在空寂的深山裡「心同流水淨，身與白雲輕」的感受，寫成片的莊稼把大地裝扮得油綠美好。他在閒對山水之時，滌蕩了心中的不快，鬱結在心中的塊壘也轟然倒塌。詩人在官場沾染的浮躁漸漸安靜下來，敞開的胸襟也遼闊起來。

從此，李攀龍隱居高臥，不再與名利場中的官員、富商來往，對志趣不合者，更是閉門不見，只與情投意合的文朋詩友聽琴賦詩。

白雪樓，儼然成了李攀龍自由自在的精神別墅。

第五章
千峰寒色天井寺

當年冬天，閒來無事，李攀龍便和同為「歷下四詩人」之一的好友許邦才相約一起到天井寺小遊。

李攀龍作〈同許右史遊南山宿天井寺〉一詩，稱讚這裡的美色說：「古寺馬蹄前，荒山斷復連。階危孤石倒，崖響亂泉懸。」

許邦才隨之唱和道：「千峰寒色照驪裘，歲暮還堪載酒遊。初宿南岩天井寺，便聽一夜石泉流。」

從濟南市區驅車，過二環南路，沿著港溝至西營的山區公路蜿蜒前行兩小時，到達了港溝街道蘆南村。這裡地處泰山北麓低山丘陵地帶，抬眼望去，山巒綿延，植被茂盛，鬱鬱蔥蔥。

繼續前行，距蘆南村約五百公尺時，我們停車駐足，一道青瓦紅牆映入眼簾。等走到跟前，一座完整的院落呈現眼前。

同行的朋友老王說，這就是雲臺寺，因位於天井峪，東臨蘆芽嶺，西連孤月山，南靠天平寨，北枕錦洋湖，恰如置身天

井之間，所以又名天井寺。

「這雲臺寺藏得可真夠嚴實的啊！」我說。

「繁華的鬧市裡，怎能了卻凡塵俗念呢？」老王道。

整個雲臺寺坐南朝北，東、南、西三面依自然形成的石崖絕壁而建，占地一千多平方公尺。

雲臺寺

雄偉的朱漆大門上寫著「雲臺禪寺」四個大字，旁邊還有一副對聯：

登峰始識雲臺寺
入室還尋智者龕

根據現存石刻碑文記載，雲臺寺於元代「元貞元年（西元一二九五年）開山建寺」，在道山和尚開鑿雲臺寺摩崖造像之前，雲臺寺已經存在。之後，雲臺寺又進行了歷次擴修。明萬曆四十一年（西元一六一三年），雲臺寺的僧眾為了保護摩崖造像，在石崖上依山建造了一座宏偉的雄尊寶殿。

明崇禎年間，濟南孝廉張經重修雲臺寺關帝廟，自此，這座寺院成了佛道兩家的道場。其後，在清康熙年間，胡文顯又重修雲臺寺山門及關帝廟，使得雲臺寺得以延續至今。

這就是嘉靖三十七年（西元一五五八年）的冬天李攀龍和許邦才來過的天井寺？

據史料記載，元末明初，受戰爭影

雲臺寺歷經多次重修

響，雲臺寺幾近荒廢。明正統年間，法號道山的僧人雲遊至此，見這裡荒煙蔓草、頹垣破壁，可惜了一番山水，於是起了重修古寺之念。經過近五十年的苦心經營，至成化年間，佛殿僧房才大致完工。此後，道山又在寺東懸崖之間請人雕刻了三尊石佛、七尊菩薩以及伽藍等造像，使得整個寺廟「黃金丹砂璀璨，金碧輝煌映瞻」，也使得雲臺寺之名遠播四方。

客籍山東的清代濟南詩派詩人王初桐遊覽於此時，曾賦詩讚曰：

雲臺寺前雲半遮，桃花嶺上桃初花。
山僧只在翠微裡，臥聽石泉流白沙。

而清代的又一濟南詩人、被喻為「大明湖鷗社」盟主的范垌，也以七絕而詩，將雲蒸霞蔚的桃花嶺、虯枝掩映的雲臺寺，以及幽邃的泉聲納入詩中，賦予雲臺寺神祕情調：

石閣陰陰老樹蟠，桃花嶺上路巉岏。

炎威不到雲臺寺，天外泉聲入耳寒。

陽光瀉下來，山間便溫暖了許多。

雍容華貴的牡丹花，在遠離俗事纏繞的寺院裡，悄然綻放著，幽香迷離。

雲臺寺內，明代修建的石砌雄尊寶殿尚且存在，現為山東省級文物保護單位，當地人稱之為「石佛樓」。寶殿高約十餘公尺，寬約八公尺，為穹頂結構的無梁殿，殿內有三層石窟造像，多是道山和尚時雕鑿。在最下層的三尊佛像兩側，後人又補刻兩尊比丘，共計十七尊，皆栩栩如生。在濟南各縣區範圍內，這是現存最為完整的一組明代摩崖造像。

石佛樓

崖壁上的玉漏泉

寺院內西崖壁下有一處名泉，泉名：玉漏泉。

清康熙、道光《濟南府志》有載，稱：在雲臺寺西岩下，「一名天井泉，點滴之聲與銅壺不異」。清乾隆《歷城縣志》載：「雲臺寺，在桃花嶺東，一名天井，依澗築臺，依臺築寺，下有甘泉，石重重，盛夏無暑。」

在一塊凹進去的、長滿青苔的石壁內，從岩石間滲透出的泉水，順著一絲裂縫，一滴滴的落下來，匯集到下面的小石槽中，然後，濺起亮晶晶的水花。

寺院的僧人說，這玉漏泉非常珍貴，它從來不多流，永遠都是不急不徐的往下滴答，就好像流出來的不是水，而是珍珠。哪怕是在雨季，它也頂多是連成線，從來都是旱不涸、澇不淌。用玉漏泉水泡的茶，醇香無比。也許正是因了它的珍貴，才叫它「玉漏泉」。

此泉湧水量較大，不僅能滿足寺院自需，還可灌溉寺院下方的農田。

泉水上方的石壁上還刻有「大明弘治十一年重建雲臺寺碑記」。

寺院中除眾多碑刻之外還有御封龍碑一通。該寺於二〇一三年被公布為中國省級文物保護單位。

繼續往前走，還有很多沒有名字的泉，都是順著石壁縫隙滴落下來。伸手去接，然後將泉水吸入口中，頓感清涼甘甜。側耳傾聽，泉水滴答之聲，在清明簡靜的日子裡特別清脆、輕靈，彷彿過濾了悲歡，洗盡了鉛華。

站在石壁旁，即使在酷暑，你也會感到周身清爽。那山崖下的陰涼，讓人有種寧靜中的怡然。

「你知道為什麼說『雲臺寺的牡丹不下山』嗎？」同行的老王，站在幾盆牡丹花前，忽然問道。

「這怎麼講？」我問。我看見一個穿寬袖大袍的僧者，手持念珠，從遠處走過。

「說起牡丹的神奇傳說，還得從雲臺說起……」老王望著遠處一棵銀杏樹，慢條斯理的說道。

雲臺就是雲臺山頂上一處平坦的凸起，雲臺山也是因它而得名。據說，在陰雨天的時候，如果有人站在雲臺上，就會看到從雲臺寺裡不斷湧出五彩祥雲，慢慢飄升到雲臺之上。雨色朦朧，雲霧繚繞，山中情景，亦真亦幻。

相傳很久以前，一位得道高僧看了五彩祥雲之後，便說，雲臺山上有著很深的龍脈，而雲臺寺的位置為九龍頭之地，預

示著這座山附近的一個年輕人將會成為一代帝王，並且這山裡的兩個美麗的女孩將成為王妃。不料，一個南方術士帶領著一群人來此開山鑿石挖寶，在南邊山峰上鑿了一條大深溝，挖走了鎮山之寶，山上的龍脈便斷了。那個英俊有為的年輕人便早早去世了，同時人們還發現兩個女孩也不見了。

後來，人們在雲臺寺上香時，發現寺院裡多了兩株嬌豔怒放的牡丹。寺院裡的僧人告訴人們，這兩株牡丹便是那兩個女孩，她們本是仙子，下凡來服侍帝王的，誰料此緣未竟，中途夭折，她們便回到雲臺寺來守護九龍頭了。這兩株牡丹嬌豔芬芳，光彩照人，一白一紅，互相輝映。人們也更加愛護這兩株牡丹。當地一個財迷的大財主，看中了這兩株嬌豔無比的牡丹，不顧眾人反對，硬是在晚上把這兩株牡丹挖回了自己家中。

第二天，財主邀請了當地名人富紳來家中賞花。說來也怪，眾豪紳一到，昨日開得還很嬌豔的牡丹立刻就枯萎了，翠綠的葉子也變得枯黃。眾人一看，都非常吃驚，趕緊勸財主把牡丹送回雲臺寺，以免受到上天懲罰。財主心生畏懼，立刻用八抬大轎把牡丹送了回來。牡丹回寺後，立刻枝繁葉茂，嬌蕊吐豔，俏美如初。從此，人們便傳說開來──雲臺的牡丹是有靈氣的，它是不肯下山的。如今，這兩株牡丹依然守護著雲臺寺，它的一些旁枝被人們移栽到山下後便立刻死亡，只有在寺裡，它才嬌豔怒放。

一行人都看牡丹花去了。

我站在山崖下，靜聽著崖壁上滲透的泉水滴答的清音，想像著嘉靖三十七年（西元一五五八年）的那個冬天的下午。

　　夕陽，就要下山了。

　　暮色，是從西面起伏的群山背面開始升起的。

　　寒風吹著落盡枯葉的樹枝，也吹著路邊枯黃的野草。遠處有棵柿子樹，樹枝的高處殘留著幾個乾癟的柿子。

　　從蜿蜒的山路間走來幾個人，其中有兩個騎著高頭大馬的人。這兩人，一個是剛升任德王府右長史不久的許邦才，一個是從陝西提學副使任上棄官回到濟南的李攀龍，他們是童年好友，也是濟南「歷下四詩人」中的兩位。

　　李攀龍辭官歸隱之後的一天，許邦才見其心情不悅，就邀請他到濟南南部山區的天井寺散散心。

　　李攀龍問：「何以選此地？」

　　許邦才答：「我們在路上慢慢聊吧。」

　　於是，兩人帶上幾個家僕，騎著馬就上路了。

　　路上，許邦才告訴李攀龍：明正統年間，有一個叫道山的和尚雲遊四方，看到這裡寺基廢棄卻景色幽深，遂決心在此重建古寺。經道山近五十年的苦心經營，到明成化年間，雲臺寺佛殿僧房才大致完工。道山的名聲也由此遠播四方。

　　這一來就引起了濟南城裡德王府的注意，明成化二十年（西元一四八四年），王府皇親魏郁和四周信眾一起出資，請來了附近千佛寺碧空法師、觀音寺入庵法師和福聖寺大淵法師等

高僧共襄法事，並由章丘的頭號石匠刁嵩為道山立碑，以志其功。雲臺寺由此成為一方觀瞻，並與德王家族產生了割捨不斷的連結。

他們順著羊腸小道蜿蜒而上，進得山門，只見半月形的懸崖迴環在半山腰，天井寺依崖而造。

此時的月亮，是明亮的，也是炫目的。

遠處的山村，靜臥在一片皎潔的月色中。

人間塵埃已落幕，鳥雀盡歸南山林。

李攀龍在冬夜的月光下低迴著，彷彿這空寂的雲臺寺裡只剩下了他一個人。明晃晃的月光臨照著一座十多公尺高、七至八公尺寬的石砌閣樓，它倚天然石壁而建，樓內東側石壁上有上、中、下三層，供奉著十七尊石刻佛像，其中十五尊與真人一般大小，另外兩尊猶如孩童。如果是在白天，就會看清楚這些佛像形態各異、栩栩如生的神態。

有木魚聲，透過夜色裡的窗櫺，伴著月光，隱隱傳過來。

許邦才默默的跟在李攀龍的身後，他知道，李攀龍此刻的心裡，一定是落滿了霜雪似的月光，而正是這月光，讓他有幾分憔悴的心靈得到了安撫。

他們走到了天臺寺西側，見有一處三十餘公尺長的棚廈式岩頂。走近一看，有水滲出，點點下滴，猶如顆顆玉珠漏落，滴落在崖下一方水池裡，濺起的層層漣漪是銀白的，而泉水滴落的聲音彷彿是被青苔濾過似的，感覺有些滑潤、有些清涼，

卻沒有一點塵埃。

「這是玉漏泉，也稱天井泉，這泉水甘甜如飴。」許邦才說道。

「在南面的懸崖下，還有南、北兩眼泉[07]。」接著，許邦才手指南面的山崖。

「我喜歡這泉水唏然滴落的樣子。」李攀龍說。

「更喜歡它被放逐的樣子。」片刻，李攀龍又說道。

許邦才沒有言語，但他心裡知道，李攀龍的話裡似乎隱藏著一些令人無法破解的玄機。

群山漸漸融入夜的懷抱，冬夜的星星次第亮起。

寒月在上，明亮皎潔，光顧著冷清的寺廟、懸崖、飛檐、走獸，光顧著這寺廟裡的香爐、碑刻和放生池，光顧著那油燈前不眠的兩個詩人。

泉水滴落

窗外的月光是淡薄的，淡薄得被風一吹，就會破碎一地。

---

07 玉漏泉之南，還有南、北兩個泉池，二〇一一年八月泉水普查時命名為「甘露泉」。

遠處，隱隱傳來懸崖下眾泉珍珠般滴落的清脆水音，迴蕩在空寂的山谷間。

一隻松鼠，一閃而過。

晃動的樹枝，搖碎了一地的清輝。

一個年邁的僧人，禪坐在蒲團上，手敲著木魚，翕動著滄桑的嘴唇，默誦著經文。他身後那扇雕花的窗櫺上，透進來一縷皎潔的月光。

在這寒星閃爍的冬夜，看著搖曳的青燈，不知李攀龍是否想起了自己曾寫過的那首〈碧雲寺禪房〉裡的詩句：

佛土秋逾淨，花臺夜復香。
一燈醒夢幻，孤磬散清涼。
月上梵輪滿，湖開天鏡光。
新詩分妙偈，病客對空王。

這一夜，挑盡燈花，李攀龍和許邦才依舊有很多心裡話沒來得及訴說。

但兩個人的內心是清和的，也是空明的。

就像那山崖下，在月光裡滴落的玉漏泉。

第二天一早，李攀龍和許邦才用過齋飯，告別了住持，便騎馬下山了。

在路上，李攀龍將昨晚寫的〈同許右史遊南山宿天井寺〉一詩，吟誦給了許邦才：

古寺馬蹄前，荒山斷復連。
階危孤石倒，崖響亂泉懸。
喬木堪知午，回峰半隱天。
不因許元度，那得比攀緣。

許邦才大讚，隨之唱和道：

千峰寒色照驪裘，歲暮還堪載酒遊。
初宿南岩天井寺，便聽一夜石泉流。

此時，寒風吹徹的群山，沉默而蒼老，寂寥而安謐。它們
起伏蜿蜒的曲線，看上去，異常的柔緩。

馬蹄聲，碎在了堅硬的山間小路上。

我從明朝的帷幕後面走出來，離開了雲臺寺。

我看見午後的陽光落滿了寂靜的山村，看見大片大片白色
的溲疏花綴滿了路邊的土坡，十分嬌豔。

溲疏花

　　沿著一條土坡上去，就見一塊長滿雜草的空地。空地北面，是一堵山牆，也是用石塊砌築的。石縫中探出的一節榆樹枝子，使山牆的粗獷線條夾入些許陰柔之美，並讓堅硬的石塊有了古樸的靈性。

　　山牆前，堆著幾塊不整齊的石頭。有位同行的作家猜想：這裡可能是原本放石磨的地方。他這麼一說，我倒覺得真有可能是碾磨的地界。從我站著的位置，左右延伸過去，就是一條有深深車轍的山村道路，依稀感覺像是有獨輪車和老牛車慢慢駛過。突然，隱約覺得有一人走過，他的身後跟著幾隻白色的山羊，山羊的後面，有一隻黃毛的狗。走到原先安放著石磨的地方，有人在跟他打招呼。放羊人回應著，然後拐進了一條胡同。不一會，就聽見有木板門被推開的聲音。也就在那木板門被推開的一瞬間，我彷彿聞到了木柴燒著鐵鏊子上面的白麵薄餅和蔥炒雞蛋的香味。

　　記得高中二年級的那年冬天，我們年級幾個班的學生乘坐著悶罐火車來到港溝一個小山村學農，每三個學生一組分到一戶農家吃住。也是石頭壘砌的房子，我們睡在鋪著乾草的地上，白天還好，一到夜裡就冷得像在冰窖裡。記得一次我感冒，沒出去工作，天黑時，那家屋主大娘回家後，就燒柴火替我烙了一張蔥花油餅。也怪，吃了那張油餅，我第二天就退燒了，就能跟著班裡的同學下田工作去了。

　　恍如隔世，物是人非。

時間銷蝕著山村的容顏，磨滅著土坯草房。屋頂上的黃白草、黃土泥抹牆面、木格紙窗、石碾子上的光亮，雖然還真實的保留了它們的原貌框架，但我一直覺得，沒有人居住的房子是孤獨的，而這種孤獨，必定是空蕩蕩的，並隨著年月的蒼老，許多美好的或苦難的記憶也會慢慢消退。

　　一聲清脆的鳥鳴，牽引著我的目光，落在了一棵唐槐的樹杈上。

　　蘆南村有兩棵唐槐，我看見的是其中的一棵。它就像一位耄耋的老人，迎風站在半山坡上。它注視的前方是聳立於桃花嶺前的蘆南居民樓。昔日山上的村民都住上了窗明几淨的樓房，用上了自來水、電梯和天然氣。唐槐目睹了一個山村翻天覆地的變化，同時，也看見了曾經爬上自己樹身的孩子們，一個個離開了大山的古村落，走向了日新月異的大都市。

　　唐槐的樹心空了，樹皮開裂，但依然生機盎然，依然枝繁葉茂。它就像那最後一位捨不得離開山村的老人，一直挺立在山坡上，讓那些走出大山的子孫後代們，有一天回到故里時，不至於失去了記憶的方向。

　　四百六十三年後的今天，當我站在蘆南村的唐槐樹下，遠眺雲臺寺，我不知道嘉靖三十七年（西元一五五八年）的那個冬天裡，李攀龍是否也看到了時光翻過石砌的院牆，落在了每一扇精緻的木窗櫺上？但我知道，李攀龍不會忘記那山崖下泉水滴落出的一片清音，更不會忘記那一壺白色的月光裡裝著的

清越與空靈 —— 這些精神滋養必將浸潤詩人的心田，浸潤詩人的詩行。

蘆南村的唐槐

第六章
山泉林湖頌濟南

　　月亮在西峰落下，清晨時刻，又傳來節奏緩慢的鐘聲，落滿霜痕的寺院滿是寂靜和空曠，佛祖彷彿就在白雲間穿行著⋯⋯哪裡能逃避世俗的喧囂？唯有這雲林深處的暮鼓晨鐘，能讓人的身心得到撫慰和療養。

　　李攀龍常常獨自站在白雪樓頭，讓靈逸的清風拂動自己的衣袖，極目遠望，在意境清幽之處，馳騁著他詩國裡鋪捲的風雲、瞬間的光影、過往的煙雨、搖曳的心旌⋯⋯而散落在千里之外的諸子詩朋，也在遠眺著鮑山與華不注之間的那座白雪樓，並不時有書信往還，詩歌唱和。

　　王世貞在青州掌管軍事、監察大權的期間，經常來濟南府，與李攀龍飲酒唱和，切磋詩藝。嘉靖己未（西元一五五九年）正月，兩人在李攀龍家把酒論詩，徹夜長談。經過這次愉快的長談之後，兩個人的詩歌創作熱情更加高漲，特別是擺脫

了官場束縛的李攀龍，更是將詩文當作生活的寄託了。之後，兩個人來往頻繁，一起寫作樂府詩。李攀龍的《白雪樓詩集》前兩卷中的樂府詩，大多寫於這段隱居的時期。

這時期，除與王世貞、許邦才交誼唱和外，李攀龍還與因母親去世而在濟南服喪的殷士儋、出使東藩至濟南的李先芳、由河南布政司右參政升山東按察使的朱衡、由兵部郎中升山東提學副使的吳維嶽等賦詩唱和。

另外，還有魏裳、郭子坤、襲勖、于鯨等人經常聚在白雪樓，漸漸的，這些詩友便形成了一個歷下詩群。

其間，江南的書畫家周天球、戲劇家梁辰魚專程來白雪樓與李攀龍相見，李攀龍熱情款待，陪同他們到各處遊覽，並留有詩作。

以牧羊為業的襲勖，是李攀龍的同學兼好友，曾多次到鮑山南樓小住。李攀龍有〈夏日襲生過鮑山樓〉詩：

長白山人本種田，談經半住鵲湖邊。
攜來滿甕春城酒，已得諸生月俸錢。
倚檻四高滄海氣，銜杯一望緡雲天。
尋常雞黍休嫌薄，不淺交情二十年。

這首詩寫得平白如話，不生澀，讀來讓人感到親切、自然，很有情趣，絲毫看不出作者辭官歸隱在白雪樓孤寂淒苦，反而流露出了與朋友相聚時的愉快心情。

　　襲勗，七次科考不第，他與李攀龍少年相識，終生為友。

　　魏裳，是李攀龍在刑部時的同事，也是一位性情耿直的詩人。嘉靖四十一年（西元一五六二年），魏裳以刑部侍郎出任濟南知府，在任期間，治盜均賦，深受濟南百姓愛戴。魏裳著有《雲山堂集》六卷及《湖廣通志草》等，並傳於世。

　　魏裳與李攀龍相見時，還發生過戲劇性的一幕：李攀龍當時不知新來的知府是魏裳，聽說有官員來訪，只一味找藉口謝客不見，最後不得已才出來，一見是故交，李攀龍十分高興。魏裳的到來，彌補了李攀龍因王世貞、許邦才等人的離去產生的孤獨感。此後三年，李攀龍一直與在任的魏裳來往密切。兩人曾一起登過泰山，同宿過龍洞，交情不淺。魏裳是李家的常客，是魏裳提議將鮑山南樓改名為「白雪樓」，還親筆題寫「白雪樓」三字匾額。

　　有李攀龍〈謝魏使君題白雪樓〉詩為證：

白雪新題照畫闌，鮑山堪此對盤桓。
楚宮一送江天色，郢曲長飛海氣寒。
繞夜朱弦清自語，凌雲彩筆老相看。
使君不是元同調，千載陽春和者難。

　　魏裳題寫「白雪樓」匾額、刊刻《白雪樓詩集》，對李攀龍詩的流傳發揮了很大的宣傳作用。這也是歸隱鮑山白雪樓期間，最值得李攀龍高興的事。

　　李攀龍除在白雪樓與友人飲酒賦詩外，有時也會到許邦才

在城北水村仿效西漢梁孝王的梁園修建的梁園別墅做客。李攀龍在此曾寫過一首〈逼除過右史水村，江山人同賦〉：

夜來北渚北風急，打頭雪花大如笠。
片紙東飛右史書，詰朝小作湖中集。
到門白鳥出高巢，繫馬南山迸人入。
使君亭午未解酲，肅客登筵一長揖。
地僻兼無俗子妨，樽空況有鄰家給。
意氣還須我輩看，功名但任兒曹立。
瞥眼旋驚青歲徂，沾唇莫放金盃澀。
世上悠悠已自譜，即今不飲嗟何及。
醉聽楚調起寒雲，彩筆憑陵朱絲濕。
平生多少伯牙心，此日因之寄篇什。

詩中寫道：「我們之間意氣相投，情志相合，那些爭名奪利的事，是兒輩們的事，與我們的友誼無關。人的一生，難得遇見一知音，今天我們就以詩表達這一心情吧。」

李攀龍在〈和答殿卿冬日招飲田間〉詩中又寫道：

白雲湖上北風寒，茅屋蕭條兩鶡冠。
我自能憐華不注，推窗君試雪中看。

白雲湖邊北風凜冽，蕭條的茅屋裡有兩個頭戴棉帽子的人。詩裡的「鶡冠」，是指用一種像雉而善鬥的鳥的羽毛作裝飾的帽子，作者用此典來代指自己的歸隱。「我自能憐華不注」，憐什麼呢？似乎說的是華不注山，招呼朋友推窗「雪中看」，看

什麼呢？詩中也不作解答。都知道華不注山是平地拔起的孤柱一峰，這裡暗合詩人不依附權貴的孤高心志，像披雪而立的華不注山一樣高潔脫俗。詩寫得含蓄、巧妙，為讀者留下很大的想像和再創作的空間，詩意雋永，耐人回味。

　　李攀龍在濟南隱居時期的詩歌，很多是與許邦才唱和的。

　　嘉靖四十一年（西元一五六二年）秋天，李攀龍和許邦才結伴遊濟南南部山區，曾寫下了一系列歌頌家鄉山水的詩篇，如〈月〉、〈和殿卿神通寺見貽之作〉、〈同許右史遊南山宿天井寺〉、〈龍集寺〉、〈錦陽川九塔寺觀許右史碑〉、〈九日同殿卿登南山〉、〈杪秋同右史南山眺望〉等。

　　在濟南近郊東南十五公里處，有一座山勢峻拔的龍洞山，因山中有一「龍洞」而得名。相傳，唐堯時，有孽龍於此興風作浪，造成水患。大禹治水，前來捉拿，孽龍鑽山逃遁，至今留下深洞，故此山又稱禹登山。

　　抵達龍洞山，需要翻越許多座大小山峰。這裡山勢奇絕，層巒疊嶂，往往形成斷崖，山谷兩面危峰壁立。北有老君崖、鳳凰臺，南有獨秀峰、三秀峰，形成峭壁圍繞的龍洞峪。峪口兩側為老君崖，崖下有老君井，傳說太上老君曾於此煉過丹。與老君崖相對，東側為鳳凰棲息的鳳凰臺，兩山對峙，谷底清溪流淌，山清水秀。深谷之南，迎面是巨峰危立、白雲繚繞的白雲峰。由此向西，穿過一段峽谷，就到達了龍洞峪腹地。

　　不知道當年李攀龍多少次來龍洞，是否也到過禱雨必應的

壽聖院，是否也看到寺院南側的鷲棲岩和岩巔上矗立的七級
石塔，是否知道那形如西安大雁塔、高十二公尺的石塔叫報恩
塔呢？

鷲棲岩的北側，是雄拔的獨秀峰，石壁上布滿十餘種宋元
以來拜謁龍神、遊覽勝蹟的摩崖石刻。其中有宋代政治家范
仲淹之子、齊州知州范純仁在元豐四年（西元一〇八一年）的
題刻。這些摩崖石刻有的字高三尺，氣勢雄渾，神韻瀟灑，堪
為奇觀。兩峰中間，有一龐大平直的峭壁，像一面屏風，人稱
「錦屏岩」。岩壁上鑿有「白雲無盡」、「錦屏春曉」等巨字石
刻，被譽為「錦屏春曉」，是舊時濟南八景之一。

舊時濟南八景之一「錦屏春曉」

李攀龍曾留下過不少關於龍洞山的詩篇，其中有：

春山遙上翠微連，忽出藤蘿一徑懸。
削壁雲霞開五色，中峰日月隱諸天。

浮漚並結金龕麗，飛竇雙銜石甕圓。
莫怪驪珠君已得，寒湫元自有龍眠。
　　　　　　　　　（〈酬張轉運龍洞山之作〉）

回壑深林繞梵宮，春來吟眺使君同。
空潭忽散三峰雨，暗穴常吹半夜風。
人擬二龍精自合，詩看五馬步逾工。
諸天坐失懸鐙色，明月先投入掌中。
　　　　　　　（〈與魏使君宿龍洞山寺同賦〉其一）

使君春興滿綈袍，彩筆青山對濁醪。
望去天回雙闕迥，坐來雲盡一峰高。
蛟龍出入常風雨，鴻鵠翻飛自羽毛。
愧我淹留逢楚客，攀援桂樹詠離騷。
　　　　　　　（〈與魏使君宿龍洞山寺同賦〉其二）

龍洞

削成東壁五雲屏，下有龍宮夜不扃。
斗柄故臨雙甕轉，月明常對一珠亭。
春回竹葉杯光白，天遇蓮花劍氣青。
坐久空山仙籟寂，新詩獨為故人聽。

（〈與魏使君宿龍洞山寺同賦〉其三）

秀色中峰獨不群，藤蘿二月已紛紛。
諸天近海金銀氣，雙峽長青錦繡文。
塔影半空懸落照，溪流一曲灑浮雲。
縱令洞口龍吟發，郢調還須讓使君。

（〈與魏使君宿龍洞山寺同賦〉其四）

這些詩歌，有著夢一般迷人的意境。故鄉大自然的奇幻山色，與詩人內心的寧靜相互交融，讀來令人如痴如醉。

佛慧山下的開元寺環境幽靜，歷史上許多名人都曾到訪此地。明清時候還有許多儒生在寺裡讀書。

少年時代的李攀龍，曾和好友許邦才一起在開元寺住過，並在此讀書。

他們親密無間，「曾是春山夜，談禪對友生」。

後來，他們還在許邦才的位於布政使街路東的瞻泰樓上一起唱和。

開元寺遺址

　　對開元寺，李攀龍懷有特殊的深厚感情。多年後，故地重遊，他流連徘徊，思緒萬千，用心寫了一首〈宿開元寺示諸子〉：

　　三十年前住此峰，白雲流水見相從。
　　那知此日東林會，更聽開元寺裡鐘。

　　許邦才有一個兒子名許復，與李攀龍的長子李駒結為兄弟，同拜殷士儋為師。許邦才有一個女兒嫁給了李攀龍的二兒

子李馴，所以，許邦才稱他與李攀龍家族是「邁年婚媾，尤出天然」。

一天，李攀龍和許邦才一同去濟南南部山區遊玩，想去訪問一劉姓山人。他們到了那裡，沒有訪到，回來後，李攀龍寫下了頗有意趣的七絕〈訪劉山人不值〉二首：

其一

主人三徑草堂斜，稚子開門勸吃茶。
自有白雲看好客，不妨紅葉滿貧家。

其二

南窗狼藉半床書，階下蒼苔罷掃除。
似是鄰翁邀作社，不然應釣錦川魚。

第一首寫山人居住在白雲飄飄、紅葉環繞的大山深處，詩人走到一草堂前，推開柴門，主人不在。這時，出來一個小孩，開門迎客，請他們進家喝茶。李攀龍很羨慕山人閒雲野鶴般的悠閒生活，覺得山人是位高潔之士。第二首寫主人的南窗下的床上堆滿了書籍，門前的臺階也打掃得乾乾淨淨。主人此時不在家，會不會是去鄰家賦詩了呢？或許是去錦繡川釣魚去了吧。這兩首田園小詩，寫得既靈動又令人遐想，不僅是在刻畫劉山人閒適有趣的生活，實際也在勾勒作者自己嚮往的精神田園。

在濟南柳埠南靈鷲山下，有一座九頂古塔。此塔始建於隋末唐初，為一單層磚砌佛塔，取意於「一言九鼎」。塔高十三點三公尺，單層塔身的頭上，頂著九座小塔。底部大塔為水磨對縫砌築而成，塔基、身、檐均呈凹形曲線，異常柔和。檐疊澀向外挑出十七層，又疊收進十六層。塔檐上端各角落，築有方形三層小塔八座，高二點八四公尺，中央築有中心塔，高五點三三公尺，此為九頂塔。塔心室內，有一尊隋唐彩繪佛像。

　　與九頂塔的靈秀相比，明代那棵茶柏後的觀音寺，就像是一間普通的山間民房，青石為基，正面青磚到頂，山牆片石到頂。觀音堂內牆壁上殘存有清末民初壁畫，堂前有唐代著名大將尉遲敬德栽種的兩株古柏。

九頂塔

九頂塔旁，有一塊嘉靖四十一年（西元一五六二年）立的嘉靖石碑。石碑立在龜趺之上，牌頂裝飾有浮雕「負屭」，一看就是一塊具有悠久歷史的古碑。

這就是許邦才撰文、李攀龍手書的〈重修九塔觀音寺記〉石碑。

許邦才在撰文之前，曾親臨觀音寺探詢建寺歷史，探詢的結果是：「歷考寺碑，唯得唐天寶十一年、大曆十四年之文為古。然日重修，則猶非始也，意必建於梁隋之間而無稽據。逮我皇明則有弘治十三年重修九塔觀音寺之碑，而寺名有定徵矣。」

碑文對九塔觀音寺所處的地理環境、古寺的歷代修建、嘉靖三十六年（西元一五五七年）重修前寺之凋敝、嘉靖四十一年（西元一五六二年）重修後的煥然一新，都有詳述，文字洗練生動，疊詞連加，修辭華麗。文中有「其塔一莖上而頂九各出，松締詭巧」語。

碑刻的手書是李攀龍從陝西辭歸四年後即嘉靖四十二年（西元一五六三年）所書，字體靈動，筆力秀健，規矩而扎實，毫無狂躁浮泛之氣，字裡行間洋溢著不同流俗的才情，秀潤多於老辣，清新多於古樸，與他的詩風迥異其趣，從中也可以看到李攀龍為人的另一面。

重修九塔觀音寺記

德府右長史、奉政大夫、前知直隸真定府趙州事邑人許邦才撰

欽差提督學校陝西等處提刑按察司副使、中憲大夫邑人李攀龍書

泰山北下，麓野之間，有地曰齊城，有山曰靈鷲，有川曰錦陽，峰巒複合，林薈蒼鬱，周距郡邑皆百里餘，稱異境云。寺建於此，莫知其昉，歷考寺碑，唯得唐天寶十一年、大曆十四年之文為古，然曰重修，則猶非始也，意必建於梁隋之間而無稽據。逮我皇明則有弘治十三年重修九塔觀音寺之碑，而寺名有定徵矣。嗣是歷武廟暨今上握寶歷之戊午，則復六十餘祀矣，歲月風雨消鑠而靡漸之。

於是梓或就朽，甓或就蝕，石或就泐，泉或就泥，飾之金碧，畫之丹黝，□被之繢繡則類就凋落而渝舊矣。寺僧了謙者一日惻然嘆曰：「物無常新，功貴有繼，不有名勝，寺何由興？不有繕輯，興焉可

〈重修九塔觀音寺記〉碑刻

115

久？」乃奮肩其役，費視其積，以匱為期；勞視其力，以畢為期。施聽於人，無必募；成聽於天，無刻索。經始於嘉靖三十六年二月初二日，抵四十一年十月初十日告成矣。正殿竣，別事殿者三，曰伽藍，曰祖師、鐘樓。功倍於創，塔制無加於昔。前聖水泉既浚，後佛石龕亦滌，則朽者挺如，蝕者瑟如，泐者鎮如，泥者冽如，凋落而渝舊者煥如燦如，輝輝煌煌，繩繩如也。於是瞻禮儼儼，禪梵恬恬，鐘磬訇訇，旃檀芬芬，慈雲花雨，翩翩油油，祈謁而集遊者繩繩轟轟而不絕矣。予前歲同李于鱗氏過神通寺，聞茲寺之勝，即欲一造，未果。及昨歲由柳浦鎮乃克登，詣境，徑斗絕，色相岑寂，雲靄毫光，恍惚時出，宜其僻而不廢也。其塔一莖上而頂九各出，構締詭巧，他寺所未經有，又左有觀音寺碑一座，與塔對峙，闇然古色，似始建所置，故寺名九塔觀音，殆出於此。因與寺僧咨□□□，請予二人者為記。于鱗氏以屬予，予曰：「于鱗今之王簡棲也，尚不為此，顧予乃可乎哉？」及今春復有南山□□時，同遊劉子子芳復為之請，既不能諗于鱗，故特直述其始末如左，方矣。

　　　　　大明嘉靖四十一年歲次壬戌孟冬吉日建立
　　　　　　　　石匠宋文梟張守惠鐫

　　李攀龍後來再次看到此碑時，曾寫過一首題為〈錦陽川九塔寺觀許右史碑〉的詩：

　　名山諧夙好，況復近吾廬。
　　嵐影浮斜照，茲川錦不如。

116

空林雙樹老，寒塔九華疏。
一片頭陀石，新文六代餘。

夕陽斜照下，有淡淡的霧氣瀰漫，薄雲在山間浮動，遠遠的看過去，落滿霞光的錦陽川比絢麗多彩的錦緞都光燦。在漫山茂密的叢林中，有一寬敞的空地，有兩棵蒼鬱的古柏樹，一座高入寒雲的九頂塔，此塔構築奇異、匠心獨具。別看只是一片石碑，但上面新刻的碑文卻是不同尋常的，能流傳六代人之遠。

如今站在九頂塔下，我們依然會為它的精美和靜謐所感動，石碑上的碑文和手跡依然閃爍著千古不滅的光彩。

濟南南部山區柳埠街道，有一四門塔公園，公園內有一神通寺。

神通寺原是朗公寺，約建於東晉初，前秦皇始元年（西元三五一年），開山祖師為朗公。這座古剎是山東佛教的發祥地。原寺以門樓、大雄寶殿、千佛殿、方丈禪堂、法堂為中軸線，左右以伽藍、達摩配殿及齋廊為翼。

朗公是西域高僧佛圖澄（西元二三二年至西元三四八年）的弟子，曾受到過前秦苻堅、東晉孝武帝司馬曜、後燕主慕容垂、南燕主慕容德、後秦主姚興、北魏道武帝拓跋珪等六國君主的禮遇，被奉為神聖，名重一時，是當時中國北方最有名的高僧。據《高僧傳》記載，竺僧朗少年出家，並開始周遊訪問求學，後來求道到了長安，最初在關中講學。前秦皇始元年

（西元三五一年），他移居泰山，在泰山一帶從事佛教活動，並在當時的統治者支持下，「大起殿宇，連樓累閣」，創建了山東地區最早的佛教寺院——朗公寺。朗公寺在北魏、北周時被毀，隋唐重加修建，隋文帝楊堅因為得神通感應，在開皇三年（西元五八三年）將此寺改名為「神通寺」，並以此作為其母的香火院。

　　據記載，當時朗公所在的山裡經常發生老虎傷人的事件，平日裡，山民常常手拿棍棒結夥才敢穿行。等到朗公在此居住以後，山裡的老虎們要麼逃走，要麼潛藏起來，都歸服了。這裡的山民無論白天行走，還是夜間居住，都不再擔心被老虎傷害了。

神通寺

從此，前來朗公寺拜見朗公的人絡繹不絕。最令人感到神奇的是，朗公通常能預知每天來寺的人數，而前來的人往往如他所言如期而至。

恍惚間，我彷彿看到在神通寺逗留多日的李攀龍，在低吟著他的〈神通寺〉：

相傳精舍朗公開，千載金牛去不回。
初地花間藏洞壑，諸天樹杪出樓臺。
月高清梵西峰落，霜盡疏鐘下界來。
豈謂投簪能避俗，將因臥病白雲隈。

清越的誦經聲，隨著月光投下的斑駁樹影，恍惚迷離，幻若夢境，好像朝著時間的深處瀰漫而去，同時，也侵蝕著月下那個人的肌膚和靈魂。月亮在西峰落下，清晨時刻，又傳來節奏緩慢的鐘聲，落滿霜痕的寺院滿是寂靜和空曠，佛祖彷彿就在白雲間穿行著……哪裡能逃避世俗的喧囂？唯有這雲林深處的暮鼓晨鐘，能讓人的身心得到撫慰和療養。

嘉靖三十八年（西元一五五九年），「後七子」之一的吳國倫再次遭嚴嵩父子報復而被貶。

李攀龍與王世貞得知此消息後忙寫詩問其緣由，吳國倫寫〈初還山中，于鱗元美自青齊遣使見慰，賦答四首〉回答。李攀龍回詩兩首〈跳梁行寄慰明卿〉和〈此兒行重寄明卿〉，王世貞的詩為〈慰明卿再謫長短歌二章和李于鱗〉。

　　兩人的詩均為七言，揭露政治生態，暴露官場時弊，宣洩心中不滿。

　　武昌季子吳國倫，左遷三載匡廬春。
　　紅顏便著青雲色，白眼豈是功名人。
　　邢州太守昔入計，猶自金閨侍從臣。
　　顧問片言搖日月，彈章一字動星辰。
　　雖然舊屬平津吏，常苦跳梁不可致。
　　調笑縱橫倒四筵，交歡往往非其意。
　　世間那得郢中歌，君但論詩吾且睡。
　　何須更比謝生肩，但應獨把王郎臂。
　　蕭條頗似東方生，南康郡裡憶承明。
　　文彩縱然傾漢王，詼諧難以取公卿。
　　畫眉石鏡二女裸，濯足長江九派清。
　　此兒尋常未易識，偷桃賣藥行妖精。
　　近來猶尚憑陵否，俯仰浮沉無不有。
　　朝讀司空城旦書，夜沽茂宰柴桑酒。
　　成敗寧關達士心，卷舒終在朝廷手。
　　隨他肉食作雄飛，饒我褐衣稱下走。
　　黨禁重開祝網年，一時逐客寵光偏。
　　晚收已抱泥塗恨，更謫如何不可憐。
　　事急誰能馳叩闕，家貧未擬罷歸田。
　　再來地僻逾高枕，就使荒涼給俸錢。
　　壯遊萬里君須見，青瑣鳳池元不賤。
　　使氣能令魑魅藏，出身曾厭欃槍變。
　　楚狂豈止接輿賢，秦孽猶堪背城戰。

回首畏途真自知，一官不絕才如線。
難將此物鬥翱翔，妒口含沙未可當。
四海弟兄堪並起，中原我輩正相望。
總看棄置風塵裡，不作踟躕道路傍。
鼓枻更逢漁父笑，豈應憔悴老滄浪。

（李攀龍〈跳梁行寄慰明卿〉）

我聞南康大如斗，明卿佐理常什九。
昨日中丞抗疏薦，賢聲輒滿朝廷口。
豫章計吏入圖事，愛君未敢援以手。
小臣憐才上白狀，相公良久疾其首。
量移亦已從浩蕩，不然徑逐此兒走。
誰知片言觸忌諱，畢竟功名成掣肘。
丈夫失意分自當，窮來傍人人避藏。
苦我折腰骨太勁，看他伏謁項能強。
縱令慢世無不可，似爾干時豈所長。
莫作拂衣少年態，宦遊須使及春陽。
大舒楚歌小舒舞，是處江山好斷腸。
王郎至今棲北海，帳前萬騎綠沉槍。

（李攀龍〈此兒行重寄明卿〉）

　　王世貞讀後，對這兩首詩大加讚賞，說李攀龍的詩，每一個字都含著一滴淚，慷慨激昂，痛快淋漓，讓人心中不由得感到快哉。深夜，被李攀龍的詩句帶動起情緒，王世貞不禁朗誦起來，眼中的淚水也隨之流淌下來。

　　激動之餘，王世貞和詩道：

丞相肩輿入內殿，搖筆一掃三千人。

王生束裝視黜籍，乃見武昌吳國倫。

無官可謫左已久，有地足徙恩仍新。

甘泉諸貴氣成雲，吳也亦是甘泉臣。

小臣無狀業萬死，尚許短橄隨風塵。

長沙坐中止鵬鳥，魯東門外悲麒麟。

何方魑魅不撫掌，何處猿猱不鼓唇。

李侯杜門十月矣，嗟女再黜奚其陳。

此時尺一馳南康，府主揶揄目吳郎。

　　　（王世貞〈慰明卿再謫長短歌二章和李于鱗〉節選）

詩中，王世貞把嚴嵩當時得寵之態以「肩輿入內殿」刻畫出來，用「搖筆一掃三千人」活靈活現的把嚴嵩為肅清異己而驕橫跋扈的嘴臉暴露無遺。

這年，李攀龍常常會憶起昔日七子一起賦詩吟唱的快樂時光。與人聚會時，他會說：「握手平生人，笑談出往事。舊遊數子盡，風流吾黨備。」於是，他寫了一組懷諸子的七絕詩，依次為〈懷元美〉、〈懷明卿〉、〈懷子相〉和〈懷子與〉。此組詩懷四人，加上自己，與他「五子江湖正漂泊，黃鵠摩天慕者誰」所言，人數正吻合。除此之外，他還寫了〈寄伯承〉、〈寄茂秦〉、〈寄順甫〉和〈寄余德甫〉一組詩，列於同卷中。由此可以看出，王世貞等四子在李攀龍心目中情同手足的地位，而李先芳等是互動頻繁的朋友，並且，這次賦詩聯誼也把謝榛包括在內了。

七月，王世貞父親王忬因得罪嚴嵩被關入死牢，王世貞行色匆忙奔赴京城。其間，李攀龍多次詩信打探消息並安撫王世貞。在京城備受精神折磨的王世貞，沒有可傾訴之人，只有寫信向李攀龍傾訴，帶著恥辱和憤恨苟且生存。

　　次年十月，王忬在嚴嵩父子的讒言陷害下，被皇帝處斬。王世貞、王世懋兄弟二人扶喪而歸之時，李攀龍一個人從濟南騎馬跋涉五百餘里，趕到濟寧，在運河邊上灑酒祭奠王忬的亡靈。

　　李攀龍不但單騎出吊，而且寫下了〈挽王中丞〉八首輓詩，公開替王忬喊冤。這組詩不僅追悼一位冤死的有功之臣，還對朝廷的黑暗發出了強烈的控訴。當時懾於嚴嵩的淫威，朝中大臣雖有很多人同情王忬，但都怕受牽連而唯恐避之不及。李攀龍不畏強權，寫詩悼念這位戰功卓越、遭受冤屈的官員，並替其申冤述屈，這種行為很容易遭到嚴嵩父子的報復，或者被誣陷為對皇帝的不滿。李攀龍的俠肝義膽，在詩中表現得淋漓盡致，令人欽佩。

　　〈挽王中丞〉其一：

　　主恩三遣護三邊，驃騎功名滅虜年。
　　不謂漢軍能失利，猶堪起塚象祁連。

　　李攀龍在詩中寫道，王世貞的父親王忬守護三邊，功績卓著，偶然失利，情有可原。因其戰功，雖死，朝廷也應為其修

一座如祁連山似的墳墓。李攀龍對社會不公發出強烈譴責。

〈挽王中丞〉其二：

> 司馬臺前列柏高，風雲猶自夾旌旄。
> 屬鏤不是君王意，莫作胥山萬里濤。

詩中的「司馬」是古官名，後來指兵部尚書，此處指王忬曾任兵部侍郎之職；「列柏」除了用典指御史臺，借指王忬曾任都御史之外，這一意象還讓人聯想起杜甫描繪武侯祠「丞相祠堂何處尋？錦官城外柏森森」的詩句。如今一代忠良化作冤魂，卻依然揮舞旌旗指揮作戰。單從字面上看，第三句「屬鏤不是君王意」似乎是在為皇帝辯護，實際上是將矛頭指向擅權的嚴嵩之流。第四句「莫作胥山萬里濤」，表面看是請王忬的冤魂不要怨氣沖天而捲起滔天大波。其實不正是說王忬的冤屈像伍子胥的怨憤一般深嗎？李攀龍透過用典把王忬的冤屈揭示了出來。

此詩寫得委婉含蓄，低徊唱嘆，詩境闊大，發人深思。

鄉居期間，李攀龍還寫過流傳很廣的經典七絕詩〈和聶儀部明妃曲〉：

> 天山雪後北風寒，抱得琵琶馬上彈。
> 曲罷不知青海月，徘徊猶作漢宮看。

寫王昭君出塞這類題材的詩作很多，僅在唐代就有五十多首，宋朝的王安石、歐陽修、曾鞏等大家也有這方面的名作。

一般來說，對名家寫過的題材進行翻新，實在不易，也難出色，寫不好會弄巧成拙。

李攀龍這首詩一開頭「天山雪後北風寒」，先用遠鏡頭，向讀者展現出天山雪後的場景 —— 天空到處飄散著雪花，遠處的群山已被大雪彌漫，只有凜冽的北風在一片空曠的蒼茫中迴蕩盤旋。看似童話般的風景，實際上是一碰即碎的塞外悲涼的畫卷。此刻，一個在馬背上撥弄琵琶的女子出現。那女子彈的是什麼曲子呢？是離別之曲，還是怨恨之調？訴說的是孤寂，還是喜悅？關於這些，李攀龍沒有在詩中點出來，而是把看點放在「曲罷」後。一曲彈罷，昭君眼前的景象迷離了，青海夜空上的月亮，恍惚間，幻化成了漢宮裡看到的月亮。一個「月」字，把遠離漢朝宮廷、在雪地上彈琵琶的王昭君思念故鄉的心境，描述得細膩入微、含蓄蘊藉。

這年秋，驚聞在福建出任提學副使的宗臣去世的消息後，王世貞仿楚辭《九歌》而作《少歌》三章以哀悼。李攀龍作〈哭子相〉四首以追念：

其一

故園秋色廣陵間，閩海悠悠自不還。
縱使蕪城愁易老，那能長客武夷山。

其二

清秋不盡客依依，夢裡閩天掛劍歸。
莫向延平津口度，恐驚風雨二龍飛。

其三

揚子江寒月影孤，秋風吹落射陽湖。
故人欲灑臨江淚，湖上明珠竟有無？

其四

大江千里日滔滔，秋色遙看入夢勞。
莫道故人枚叔少，悲君已厭廣陵濤。

李攀龍一直關注宗臣後事料理的情況，得知友人余日德在操辦宗臣的身後事並準備把宗臣的作品結集出版後，李攀龍寫信給余日德，表示十分感謝。

辭官歸鄉定居的十年裡，李攀龍在致力於詩歌創作的同時，還力圖選編一部集歷代詩歌精華的詩集，透過讓人們誦讀這些名家詩篇，以擴大其詩文主張的影響，這部詩集就是《古今詩刪》。

作為文壇領袖，李攀龍的詩學主張會影響當時詩學的風尚，他雖未建立起自己復古主張的理論體系，但他編選的《古今詩刪》卻具有了創作典範和文學批評的意義。

《古今詩刪》共三十四卷，寄託著李攀龍的詩學理想。為

此，他耗費了大量心血，從鄉居伊始開始編選，直到去世。其間，他曾多次跟友人提起選詩的進展，如：嘉靖四十二年（西元一五六三年），他在給許邦才的信中說「我朝諸公，選可七八十首，亦未妥愜……彼中文獻地，雅有藏本，不憚訪錄，以備當代之音」；嘉靖四十四年（西元一五六五年），在給徐中行的信中說「前選詩目，概未精愜，十刪其五，庶幾近之」。

《古今詩刪》對漢魏古詩並沒有特別的重視，反而多取六朝詩人陶淵明、謝靈運及謝朓等所作風格清新的古體詩，樹立了新的古詩典範，表現出一種比較寬泛的詩學取向。這顯示，李攀龍在具體的選錄古詩過程中，並未完全貫徹復古派的詩學主張。

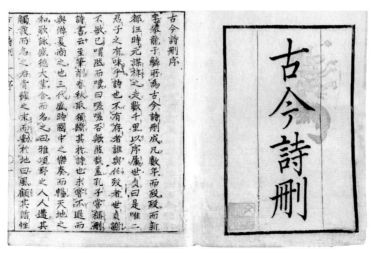

古今詩刪

　　《四庫全書總目》評此書曰:「是編為所錄歷代之詩。每代各自分體,始於古逸,次以漢魏、南北朝,次以唐,唐以後繼以明,多錄同時諸人之作,而不及宋元。蓋自李夢陽倡不讀唐以後書之說,前後七子率以此論相尚。攀龍是選猶是志也……」

　　正如四庫館臣所言,從李攀龍不選宋元詩、以明詩承接唐詩這一編選情況來看,他繼承了李夢陽不讀唐以後書之說,彰顯了復古派的詩學主張。

　　令人惋惜的是,《古今詩刪》是在李攀龍去世後不久問世的,李攀龍至死也沒看到自己選編的經典範本的出版。

第七章
百花洲上白雪樓

　　當星光落滿瓦屋飛檐，一些白雪似的往事，飄落在了夜色之中。

　　誰的詩文，在一池水面上激起軒昂的氣勢？城頭一片西山月，多少征人馬上看。

　　那在石欄邊聽風聲的人，看見了百花洲畔大片大片雪白的須纓，也看見了透過前塵投射過來的光，並渴望成為那道光。

　　白雪樓之上，不僅有天空的曠遠，還有迴響……

　　濟南大明湖南門牌坊前，有一條東西走向的大明湖路。

　　站在南門牌坊下，往南看，是一條南北走向的青石板路，直通具有「家家泉水，戶戶垂楊」濟南風光特色的曲水亭街。路的左邊是一片碧波粼粼的小湖，湖水極清，七千餘平方公尺的湖面，有叢生的蓮荷、停泊的小舟、游弋的白鵝和水草間嬉戲的錦鯉。岸邊臨風的垂柳，嬌柔婀娜，嫵媚極了。

　　這就是百花洲。

　　在百花洲，你會看見那青磚灰瓦的古屋，會看見那染了月

色的背影，會品到那沁了茉莉花香的茶水，會聽到那黃昏深處的短笛……它們被光陰泛黃成了一張張底片，深臥在心底的暗室裡，一旦接觸到回憶之光，就會顯影出令我們怦然心動繼而眼眶濕潤的靜美。

許多過往的蹤影，都蕩漾在了水紋裡。

所有這些，為這座千年古城增添了無限的鄉思和綿延的韻味。

明代的風，一次次掠過這一方春水。水面上的荷花，托舉起湛藍的天空。

在百花洲，與光陰對坐，內心無恙。

百花洲的北岸，原有一座百花橋，後來被人稱為「鵲華橋」。

鵲華橋始建於宋代，為石拱橋，高 3公尺，石護欄高約 1公尺。傳說站在橋上能北眺鵲、華二山，元代改名為鵲華橋。

清代歷城詩人朱照在〈春日鵲華橋上〉一詩中寫道：

絲絲楊柳欲成花，春盡河橋風物嘉。
四郭青山露雲表，一湖暖水長蘆芽。
有時飛鳥間高下，底事遊船起喧嘩。
遙喜北樓宜遠眺，凌空窗牖敞明霞。

當年，曾任濟南路總管府事的趙孟頫，就是站在這座橋上向北眺望，將含黛呈秀的鵲山和華不注山盡收眼底。

　　由此，也就有了趙孟頫為解周密思鄉之情而繪製成的那幅
〈鵲華秋色圖〉。

鵲華橋

　　舜井、珍珠泉、芙蓉泉等諸泉的泉水匯集成曲水河，一路
向北流淌而去，經過兩座橫臥於小河之上的小石橋，便流到了
北端的百花洲，再繼續前行，就一頭鑽進了碧波萬頃的大明湖。

　　過去，百花洲附近的居民多在水裡種植白蓮，在岸上栽種
楊柳；四周房舍，參差錯落，儼然一幅隨意揮灑的江南水鄉
畫卷。

　　萬曆年間的濟南詩人劉敕曾吟詠道：

一川清禁水，匯作百花洲。
倒影搖青嶂，澄波映畫樓。
舟橫竹港外，人坐釣磯頭。
高客嘗來此，開樽對白鷗。

想當年，百花洲岸邊楊柳依依、酒旗飄搖；水面上倒映著近處的樓臺亭閣和遠處的青山，有小舟停泊在布滿漣漪的水面上；文人騷客經常聚集在洲畔的小店鋪裡，一邊喝著酒，一邊隔窗觀賞水中嬉戲的白鷗。

〈老殘遊記〉中所記載的「家家泉水，戶戶垂楊」，主要指的就是百花洲這一帶。

那時的百花洲，水域比現在廣闊得多。百花洲東岸一帶的民居所在地，原為水中小島，小島名為百花臺。百花臺因百花堤得名，百花堤為北宋齊州（今山東濟南）知州曾鞏所建，因曾鞏是江西南豐人，所以，百花臺也稱為「南豐臺」。

在宋代，百花洲除了百花臺，另外還有一座芙蓉臺。

曾鞏便有一首傳世佳作〈芙蓉臺〉：

芙蓉花開秋水冷，水面無風見花影。
飄香上下兩嬋娟，雲在巫山月在天。
清瀾素礫為庭戶，羽蓋霓裳不知數。
臺上遊人下流水，柱腳亭亭插花裡。
闌邊飲酒棹女歌，臺北臺南花正多。
莫笑來時常著屐，綠柳牆連使君宅。

夏天的百花臺，花木扶疏，鳥鳴聲聲，流水潺潺，景色秀麗。古人有「百花洲畔結茅宇」、「窗外暮聽明湖雨」的詩句。曾鞏遊覽此地，寫〈百花臺〉詩讚美：

煙波與客同樽酒，風月全家上采舟。
莫問臺前花遠近，試看何似武陵遊。

在詩人曾鞏的眼裡，百花洲一帶的風景，分明就是陶淵明筆下的武陵桃花源。

從百花洲往南，是曲水亭街和珍珠泉。

百花洲街巷

明代文學「前七子」之一、一代詩傑邊貢，曾在百花洲西南芙蓉泉邊建了一座藏書的萬卷樓。

邊貢出身於官宦世家，自幼受到傳統的儒學教育，弘治九年（西元一四九六年）進士及第，年僅二十歲。他少年登科，名動朝野。在三十六年為官生涯中，邊貢曾先後擢兵科給事中，升太常寺寺丞，知衛輝府，遷荊州府，歷陝西及河南提學副使、河南按察司副使，後以侍奉母親辭職家居。嘉靖初，復起為南京太常少卿，拜戶部尚書。

為官期間，邊貢不事權貴，仗義敢言，以清正廉潔而聞名。同時，邊貢還因為在詩歌創作上的突出成就，與當時文壇的復古派領袖李夢陽等躋身於「前七子」之列。

邊貢在外為官期間非常懷念家鄉濟南，他認為天下最美的地方莫過於濟南，並作詩稱「我濟富山水，人稱名士鄉」。與友人唱酬中，邊貢寫下了大量吟詠濟南湖光山色的作品，如〈西園八景〉、〈寒食郊行〉、〈題賈園四首〉、〈七月四日泛湖〉、〈湖上雜興〉、〈登千佛山寺〉、〈遊龍洞山〉、〈出靳村望靈巖寺〉、〈泰山回馬嶺〉、〈登岳次劉希尹韻四首〉等，表現了詩人對家鄉的熱愛。

邊貢在為官從政之暇還喜歡收藏金石古籍，每到一地，都要「登臨山水，購古書，金石文字，累數萬卷」。嘉靖十年（西元一五三一年），邊貢罷官回到濟南後，在大明湖畔築了一座萬卷樓，將其畢生收藏的金石碑帖、善本祕笈珍藏其中。

邊貢每日端坐其上，眺望美景，讀書為文，樂在心頭。

次年，萬卷樓遭遇一場意外火災，其幾十年心血化為灰燼。面對大火之後的斷壁殘垣，邊貢捶胸頓足，失聲痛哭：「嗟呼，甚於喪我也！」此後，他憂鬱成疾，大病不起，不久離開人世，享年五十七歲。

據記載，邊貢死後被葬於歷城郊外，可惜其墓今已無存。其一生著作甚多，現在大半都已散佚，僅餘有《華泉集》十四卷傳世。

明嘉靖年間，明代文壇「後七子」領袖、濟南人李攀龍在陝西提學副使位上辭職，回歸故里。在王舍人莊東北隅修築白雪樓之後沒幾年，李攀龍將此樓變賣，又在百花洲東岸的碧霞宮附近修築了第二座白雪樓，該樓又稱「青蘿館」。

白雪樓四周荷葉田田，蘆荻蒼蒼。

此樓有三層，底層為客廳，中層為書齋，上層為李攀龍愛妾蔡姬居住的房間。

李攀龍在外任和家居期間，都是由侍妾蔡姬悉心照料。

蔡姬生性聰慧，心靈手巧，對李攀龍體貼入微。她極善烹飪，又很精通麵食製作，尤其是她蒸的蔥味包子，蔥香濃郁。其做法是將蔥段插入包子的攝口處，放入蒸籠中蒸熟，然後將蔥段拔去，再迅速用麵將攝口封好。吃時雖不見蔥，卻蔥香撲鼻，味美可口。

若有文朋詩友來到白雪樓，蔡姬就會以蔥味包子招待客人。

在李攀龍的交友圈中，都以能吃到蔡姬親手製作的蔥味包子為榮。

李攀龍的好友王世貞曾在〈秋日過于鱗郡齋分賦十體得發字〉一詩中這樣寫道：

入門登君堂，筐筥相羅列。
大婦治酒漿，小婦為炊食。
兒年十五餘，冠裳來肅客。
感君纏綿意，含吐待君擇。

詩中寫的是，李攀龍在河北順德任知府期間，一次，王世貞等人到李攀龍的家裡做客。王世貞進門一看，見李攀龍夫人徐氏在治酒，愛妾蔡姬則在一旁忙著做飯炒菜，鍋碗瓢盆擺了一堆。這時，李攀龍的長子李駒也出來拜見客人。他們的盛情令人記憶深刻，難以忘懷。

　　從這首詩裡就可以看出來，蔡姬既是一個烹飪能手，又是李攀龍身邊的理家賢內助。

　　的確，蔡姬對李攀龍的生活照顧和李攀龍死後家庭的維持，都有非常之功，因而也受到人們的讚許。

　　王世貞的另一首詩〈于鱗遺苦酒瓜醬夜醉放歌戲用為報〉，則從一個側面寫出了蔡姬烹飪技藝的高超：

朝對雲門雪，隱如兩玉山。
時無一杯飲，何以俱頹然。
平頭大奴尺一書，戟之不得中庭趨。
青絲提繩白玉壺，鬱金香奪銀酡酥。
沉瓜片片芍藥醬，壓來纖甲痕珊瑚。
削瓜進酒咍不止，謂我卒當以樂死。
雪花為茵不肯寒，夜半歌聲劍波起。
蘭缸熒熒漏丁丁，罷舞起看頭上星。
南有匏瓜北有斗，碧霞之脯天公酒。
虛名誤人竟何有，安期生，閉女口。
瓜出蔡姬酒李侯，八千年來汝得否。

　　這首詩向今人展現了這樣一幅場景：門外，大雪紛紛，遠處的兩座山，像是玉雕刻的。大雪封門之際，正適合在家中喝酒。正好家中有李攀龍之前送來的酒和醬瓜，於是，詩人就著醬瓜喝起酒來。酒是李攀龍釀的，美味的醬瓜是蔡姬醃製的。那抹著芍藥醬的醬瓜上，似乎還留有蔡姬那纖細的指印。詩人覺得，蔡姬製作的醬瓜和李攀龍釀製的酒，比「碧霞之脯天公酒」都香醇濃烈，都餘韻無窮，幾千年都難以遇到。於是，詩人喝完酒後，興致很高，熱血澎湃，就迎著滿天寒星，拔劍高歌起舞。

　　李攀龍在百花洲上的白雪樓裡，有紅袖相伴，沉浸在詩詞書畫、金石聲樂之中，怡然自得的過著隱居的生活，只與詩壇舊友、門生故舊以及後來的慕賢者相交，不與權貴往來。

　　這期間，是李攀龍詩文創作的重要時期，所寫詩文占《滄溟集》大半，因而，最初結集曾名為《白雪樓集》。

　　一些達官顯貴以被李攀龍接見為榮，學人士子更以其品評來衡量自己的身價。因此，「聞望茂著，自時厥後，操海內文柄垂二十年」。

　　嘉靖年間進士、官至光祿寺卿的馮惟訥，在〈訪李于鱗幽居晨起登樓作〉一詩中，稱此樓如人間仙境：

> 百尺高樓際曉攀，不知身世在人寰。
> 雲邊黛色連滄海，天外笳聲落斷山。
> 橫逸文章千古事，沉冥丘壑幾人閒？
> 秋來蓬闕金光滿，時有盧敖跨鶴還。

李攀龍的好友殷士儋在〈霽寰吳師參藩大楚〉之三中寫道：

大明湖上百花洲，臨水新開明月樓。
曾是談經登覽處，勝遊千載說風流。

遙想四百多年前，煙波浩渺的百花洲中央，有一座白雪樓，無橋可通，僅一小船往返其間。來訪的客人，要先在岸上通報姓名，試其詩文如何，等待樓上的李攀龍許可之後，才解船相迎。累日不倦，詩酒酬答。若是達官顯貴慕名前來探訪，李攀龍都懶得搭理，只是讓僕人回一句「主人不在」，就輕鬆的把他們打發走了。

滄溟先生會友圖

此性情中人，活得真灑脫。

這才叫風流。

這才是有風骨的文人應有的作風。

這種從骨子裡透出來的清高，是古今濟南文人特有的象徵。

　　此時，百花洲的水面上，恰好有一葉木舟漂浮。如果坐上去，是否會被光陰劃入四百多年前的那座白雪樓呢？

　　是否會蕩漾出一片柳浪聞鶯呢？

　　假如這時，能聽到有人在岸邊吟詠白雪樓主人寫下的詩句，該有多好。

　　白雪樓建成之後，濟南詩人劉天民、邊習、谷繼宗、殷士儋、許邦才、襲勖、華鼇等詩朋酒友、舊識新交常雅集於此。這段時間，是濟南詩派最鼎盛的時期。

　　濟南詩派緣起於邊貢、李攀龍，也以他們為標示。

　　邊貢是濟南詩派的開創者，李攀龍是該詩派的繼承和發揚者，後繼者有劉正宗和王士禎。

　　邊貢的詩歌具有調麗情真、古澹閒適的風格，這時期的詩人主要有邊習、楊巍、劉天民。李攀龍倡導雄渾高華的復古格調，他以自己的人格魅力，感召了大批的詩人，如許邦才、殷士儋、襲勖、華鼇、谷繼宗、郭寧、潘子雨等人，他們是這一時期濟南詩派的中堅力量。清初王士禎倡導「神韻說」，以「不著一字，盡得風流」為作詩要訣，神韻說成為當時詩壇的主流風氣。這一時期的主要詩人有劉正宗和田雯。

　　當時的濟南並不是指現在濟南的地理範疇，而是指濟南府。所以，屬於濟南詩派的還有王蘋、李開先、邢侗、高珩、馮延櫆等詩人。

　　濟南詩派到王士禎時代，達到了一個新的興盛期。

王士禎與濟南詩派

　　在百花洲的白雪樓隱居期間，李攀龍有時也會與朋友一起遊覽周邊的名勝古蹟。

　　大明湖歷史悠久，紀念古人政績、行蹤的建築以及自然景觀很多，諸如歷下亭、鐵公祠、小滄浪、北極閣、匯波樓、南豐祠、遐園、稼軒祠等，是自古以來文人雅士經常聚會和詩酒唱酬的地方。李攀龍就曾無數次在這裡遊覽宴集。

　　李攀龍在〈五日和許傅湖亭宴集〉中寫道：

青樽臨北渚，一為故人開。
此事成今昔，浮雲自往來。
花間移枕簟，鏡裡出樓臺。
忽就投湘賦，深知賈誼才。

　　在大明湖北岸的北渚亭，備好美酒與美景，是為了迎接老朋友的到來。今天的宴集已能分割出今日與昨夜之別，一切都

變成了天上飄來飄去的浮雲。宴席中的客人，不斷的在花間穿插，更換著座位；如明鏡般的大明湖水，映照著亭臺、樓閣、水榭、長廊的倒影。此時，忽然想起賈誼的〈弔屈原賦〉，許邦才就像西漢時期的大文學家賈誼那樣文思泉湧、才思敏捷。

另外寫大明湖的還有〈答殿卿過飲南樓見贈〉其二：

南樓雪後憶離群，湖上銜杯弄白雲。
也道酒如春水薄，樽前無日好無君。

還有一首〈逼除過右史水村，江山人同賦〉：

夜來北渚北風急，打頭雪花大如笠。
片紙東飛右史書，詰朝小作湖中集。
到門白鳥出高巢，繫馬南山迸人入。
使君亭午未解醒，肅客登筵一長揖。

珍珠泉在百花洲的南邊，是濟南第三大名泉，位於今泉城路珍珠泉禮堂北面，是一處聞名天下的獨特景觀。在它周圍有許多小泉，如楚泉、溪亭泉、舜泉、玉環泉、太乙泉等，統稱為珍珠泉泉群。

珍珠泉以其華貴典雅、雍容大氣，歷來被文人遊客所讚賞。一日，許邦才陪李攀龍在泉邊觀賞。看著泉水從沙際湧出，在陽光下忽聚忽散、忽斷忽續，李攀龍不由得詩情盎然，寫下〈和殿卿白雲亭醉歌〉：

狂殺王門客，空亭日嘯歌。
那知珠履散，自愛白雲多。
短髮明秋水，長裾曳荇荷。
獨憐枚叟在，不復厭婆娑。

詩中的「王門客」是指許邦才，「空亭」是指珍珠泉南岸的
白雲亭。許邦才與李攀龍兩個人情趣相投，又都是狂傲清高之
人，經常在一起長嘯吟詠。觀看著清澈如碧的珍珠泉水，一串
串白色氣泡自池底冒出，彷彿拋撒開來的萬顆珍珠，不可抑制
的激發起兩人的奇妙詩意和豐富想像。習習的秋風，吹過浮著
荷葉的水面。看著一道道漣漪隨之擴散開去，二人不由得想起
了他們各自的風流韻事。只因為好友許邦才在此，所以，詩人
李攀龍才喜歡在此流連忘返。

〈杪秋同右史南山眺望〉其一，就記載了李攀龍與許邦才遊
千佛山觀「齊煙九點」的情景：

青樽何處不蹉跎，白髮相看一醉歌。
坐久鏡中懸片華，望來城上出雙河。
杉松半壁浮雲滿，砧杵千家落照多。
縱使平臺秋更好，故人猶恐未同過。

齊煙九點

　　詩人將山、湖、河、落日、秋色等諸多美景串聯起來，勾畫出一幅絕妙的濟南秋色圖。眺望遠處像鏡子似的大明湖，懸浮著華不注山的倒影；大清河、小清河如出城頭，蜿蜒向東流去。千佛山上松杉蔥鬱，峭壁隱在淡淡的雲霧之中；隱隱約約，可以聽得見千家砧石上的捶衣聲，散落在了落日餘暉中。即使你為官所在地的秋景比這裡好，恐怕也沒有在家鄉與好友一起觀賞的這種愜意的心情。

　　整首詩呈現的是一種達觀的人生態度，語言簡練而自然，意蘊悠長，讀來親切，不愧為描寫濟南秋景的名篇。

此外，還有一首〈簡許殿卿〉，寫得卻很傷懷：

玉函山色倚嵯峨，北渚清秋已自波。
我欲與君攜酒去，不知何處白雲多。

華不注山，又名華山、金輿山，地處濟南市東北角，位於
黃河以南、小清河以北。這裡曾是春秋古戰場，齊國和晉國的
巔峰對決就發生在山腳下。華不注山因峰崖峻峭，翠綠蔭遮，
史上一度被譽為濟南山色之首，歷代許多名家都曾流連於此，
並寫下了詠山詩。

華不注山

此山，平地突起，景色壯美。唐宋以前，華不注山周圍全
為水域，稱蓮子湖或鵲山湖，淺水稻溪，沼澤蘆蕩，水村漁
舍，勝似江南。遠遠望去，此山像在水中含苞欲放的一枝荷花
骨朵。唐代大詩人李白在《古風五十首》的第二十首中形容道：
「昔我遊齊都，登華不注峰。茲山何峻秀，綠翠如芙蓉。」

　　每當秋日，天高雲淡，大雁南飛，層林盡染，此處景色更加奇絕。元代書畫大家趙孟頫曾繪〈鵲華秋色圖〉，流傳至今。後人又將此景命名為「鵲華煙雨」，列為舊時濟南八景之一。

　　出生在濟南的李攀龍，自然對這座歷史文化名山情有獨鍾。他遊覽過許多名山，像華山、泰山，曾對其險峻、雄奇、壯美，用詩的語言從不同的視角進行過生動的描寫。華不注山雖是一座小山，但它在李攀龍的心目中卻是非同尋常的。他在〈登華不注山絕頂〉一詩中描繪道：

　　中天紫氣抱香爐，復道金輿落帝都。
　　二水遙分青嶂合，一峰深注白雲孤。
　　岱宗風雨通來往，海色樓臺入有無。
　　不是登高能賦客，誰堪瀟灑向平蕪。

　　陽光下的紫氣，像繚繞的雲煙，環抱著香爐似的華不注山。孤峰突兀，像一架黃金製作的車子，從天國降落而來。從山頂俯瞰山北的大清河和山南的小清河，華不注山孤立在白雲之間。南眺泰岱，東瞰大海，山海蒼茫，風雨相適。不是登高能賦的人，有誰還配在這樣的美景中痛飲狂歌呢？

　　李攀龍從俯瞰的視角，描寫出了華不注山周圍遠遠近近的景觀，將五嶽獨尊的泰山和遙遠的大海盡收筆端，展現了極其開闊的視野，氣勢恢宏，不同凡響。

　　李攀龍這首詩，應該說是自唐代李白寫華不注山之後的七律名篇之一。

有時，李攀龍也會去距離百花洲不遠處的瞻泰樓。此樓是許邦才成為德王府長史後建築的讀書處，位於明代濟南城裡布政使街路東玉環泉畔、芙蓉泉西邊。當年，李攀龍經常在此樓與許邦才等人吟詩唱和。

　　田雯在《黔書》中記道：「殿卿與于鱗同時，迄今芙蓉泉西有讀書樓在焉。癸亥春，余題詩壁上，曰：『晴霞飛不斷，湖水含泓澄。一叢白菡萏，無數紅蜻蜓。我愛許長史，詩思何泠泠。』」

　　明朝的江山已遠，百花洲上，誰與鷗鷺相伴？流水飛雲花迷亂。

　　春風未老柳影斜，那年白雪，都落成了花瓣。陰晴圓缺都等閒。

　　一枚清澄的月亮，掛在高高的天上。它的清輝，透過柳絲灑落在百花洲的水面上，清澈又溫潤，有一種難以言說的簡靜和安怡。

　　此時，繁華市井的熱鬧，都已消散在暮色的深處。

　　百花洲上那座曾承載過幾多風流佳話的白雪樓，也已隱退在了歷史的帷幕背後。

　　當星光落滿瓦屋飛檐，一些白雪似的往事，飄落在了夜色之中。誰的詩文，在一池水面上激起軒昂的氣勢？城頭一片西山月，多少征人馬上看。

　　那在石欄邊聽風聲的人，看見了百花洲畔大片大片雪白的

須纓，也看見了透過前塵投射過來的光，並渴望成為那道光。

白雪樓之上，不僅有天空的曠遠，還有迴響……

此時，我就在百花洲。恍惚間，自己就是那站在白雪樓上看風景的人，正立在明朝的某一個滿天星光的夜晚，低吟著：「謝客江湖已十秋，浮雲華髮共悠悠。聞君忽憶陽春調，濁酒還開白雪樓。」

想起「白雪新題照畫闌」，彷彿才明白「千載陽春和者難」。

那年「十畝青蘿別館開，使君延眺意悠哉」，而今「風搖北渚清陰合，煙雜南山黛色來」。

坐在臨街的臺階上，看著百花洲上那艘停泊的木船，我知道，那船裡裝滿了夜空的星光；荷花依然在月光下靜靜的開放，錦鯉在記憶的水中撥動著那枚月亮。

蟋蟀那清脆的翅鳴，顫動在如水的月光裡，瀰散在白蓮花的水面上，讓每一個能靜下心來的人，內心一片澄澈。

此時此刻，我想起了許邦才寫的那首〈白雪樓夜賦〉：

坐我白雪樓，翩然解朱祓。
仙去猶懶從，微官是何物？
問我平生歡，有如此夜不？
忍將世上名，與易杯中醁。

我知道，有人會透過幾塊中國的花窗，看見雕花的影壁牆、浮著睡蓮的池塘、茉莉花綻放的模樣、月亮門裡的紅海棠、迷亂了一牆的凌霄花……

此時，雖然沒有沾衣欲濕的杏花雨，卻有吹面不寒的楊柳風。

　　回首百花洲，只覺得有月光的氤氳注入了內心。

夜色百花洲

第七章　百花洲上白雪樓

第八章
我今為客渡江來

對於復出，李攀龍的心情是矛盾的。

即將面對的官場，還是那般人心險惡、明爭暗鬥嗎？明朝的江山，還是刀光劍影、步步驚心嗎？

終是儒者之心，以功名為念，為蒼生而仕；不想升擢重用、甘於平淡，非攀龍之初心。

積極入世的儒家思想，在李攀龍的潛意識裡是根深蒂固的。

嘉靖四十一年（西元一五六二年），嚴嵩倒臺，被沒收了家產罷官回鄉，隨後在家鄉病死。

三年後，嚴嵩的兒子嚴世蕃被嘉靖皇帝朱厚熜下令斬首。

朱厚熜在位四十五年後，於西元一五六六年底在乾清宮駕崩，享壽六十歲。

同年，朱厚熜的三兒子朱載坖繼位，第二年改為隆慶元年。上任之初，隆慶皇帝革故鼎新，糾正其父朱厚熜在位時的

隆慶皇帝朱載坖

弊政，之前以言獲罪的諸臣全部召用，已死之臣撫卹並錄用其後人。隆慶皇帝還下令薦舉天下高士，大臣薦舉遺賢二十二人，其中就有李攀龍。

朱載坖表現得寬厚躬修，朝中政事以沉著應對，放手讓高拱、陳以勤、張居正等大臣去管理朝政，如此一來，既彌補了他管理能力上的不足，也收到了任用賢人的較好效果。他糾正了其父重用方士的弊政，免除了百姓大部分的田賦欠稅，解決了困擾朝廷多年的「南倭北虜」問題，與蒙古部落首領俺答汗議和通商，廢除海禁，允許民間越洋販運商品，國家漸呈中興之勢。

史稱隆慶新政。

隆慶元年（西元一五六七年），李攀龍五十四歲。這一年，讓他高興的事情接連不斷。

二月十五日，其妾盧氏為他生下一個兒子，起名馴。李攀龍希望這個小兒子將來善良而溫順，成為一匹超群的天馬。老來得子，讓李攀龍滿心歡喜，他賦詩〈二月十五日誕子〉以作紀念：

三十盧家妾，明珠報使君。
國香元有種，天馬自超群。
月應懸弧滿，春迎剪綵分。
負薪還爾事，豈敢望青雲。

　　與此同時，他還寫信把這一喜訊告訴了他天南地北的文朋
詩友。從他寫的「天馬自超群」詩句中，可見其對小兒子的期
望甚高。

　　不久，他又得知王世貞兄弟趕往京城為父申冤，王忬的冤
獄終於有了平反的希望，李攀龍感到時局有了新的轉機。

　　這一年，新皇帝下令薦舉天下有志趣和品行高尚的賢者。
大臣薦舉遺臣二十二人，李攀龍便是其中之一。

　　此時，李攀龍的身體每況愈下，受病痛折磨已達百日。初
癒後，李攀龍仍心有餘悸，時有對生命無常的感慨和對光陰易
逝的嗟嘆。

　　人的一生，充滿了許許多多不可知、不可控的因素，就在
李攀龍自己病體還沒痊癒之時，死別的不幸卻降臨到他的頭
上。七月二十四日這天，其相濡以沫三十七年的結髮妻子徐氏
溘然病逝。

　　李攀龍與妻子徐氏情篤意深，愛妻病逝使他肝腸寸斷，備
受煎熬。

　　在這個世上，有很多夫妻，終生不言海誓山盟，卻彼此情
深。即使偶爾有細雨微風，也不驚心動魄，過後，依然是窗明
几淨，良辰美景，長夜挑燈，相伴一生。

　　有時，一世的平淡相守，遠遠勝過一時的繁華。

　　只因為，不願辜負此生的一段琴瑟之情。

　　徐氏自嫁給李攀龍後，備嘗生活的艱辛，幾經顛沛流離，

過著缺衣少食乃至靠典當生存的艱辛日子。徐氏賢良淑德，勤儉持家，跟婆婆一起替人做些針線工作貼補家用。她待李攀龍盡心盡意，沒有一絲的怨言，為的是讓他專心求學、心寄詩書。她性情恭順溫和，心思細膩，對丈夫關懷備至，噓寒問暖。她的去世讓李攀龍非常傷心。李攀龍在〈亡妻徐恭人狀〉一文中，充滿深情的陳述了妻子的艱苦、勤勞、恭順、溫和。自李攀龍中進士到歷刑部、守順德、提學陝西，徐氏總是跟婆婆生活在一起，供奉侍候她生活起居。她疼愛子孫，寬待下人，是個豁達明慧的女人。

殷士儋、許邦才分別為徐氏作墓誌銘和行狀。

十月四日，李攀龍和長子李駒將徐氏安葬在濟南城西北馬鞍山東麓。

此時，朝廷正式任命下達，「起用原任陝西按察副使李攀龍於浙江」。

對於復出，李攀龍的心情是矛盾的。驚喜之餘，他內心更多的是起伏跌宕，既有欲有所作為的喜悅，也有對仕途風波的憂慮，同時還流露出對隱居生活的留戀。

即將面對的官場，還是那般人心險惡、明爭暗鬥嗎？明朝的江山，還是刀光劍影、步步驚心嗎？

終是儒者之心，以功名為念，為蒼生而仕；不想升擢重用、甘於平淡，非攀龍之初心。

積極入世的儒家思想，在李攀龍的潛意識裡是根深蒂固的。

　　何況，在古代，飽讀詩書的人，不管是為了效忠皇帝，還是為了社稷之福，除了入仕，也沒別的更好選擇和出路。至於在這條命運莫測而崎嶇坎坷的道路上，是被鞭策而行，還是被奴役而為，他們都是身不由己的，有時還要違心的隨波逐流。

　　隆慶元年（西元一五六七年）十一月二十二日，李攀龍從濟南啟程赴浙江上任。

　　此時，家境十分清貧的李攀龍，沒有多少盤纏。無奈之下，為籌集路費，他只好賣掉一些家裡的田地。

　　為官數載，兩袖清風，家境日益清貧，令人酸楚。

　　雖然如此，依舊豁然，踏上旅程以後，李攀龍還是對新生活充滿了美好的憧憬。

　　車馬徐行，緩緩走過秋天的田畦和阡陌。路過江蘇呂梁時，眼見岸邊怪石嶙峋，江中波濤洶湧，李攀龍的心情，也隨之激盪起來：雖然自己的盛年，一如走過的路，漸行漸遠，但心中依然還是想當一個賢明的地方長官，為百姓有所作為，哪怕是留一簾的明山秀水，也是一段佳緣。

　　到蘇州時，正巧遇到王世貞兄弟倆，他們便在一起暢飲三夜。面對還沒有得到起用消息的王世貞兄弟，李攀龍不能過度的表露自己投身社會想有所作為的熱情，但在〈答元美吳門邂逅于鱗有贈〉一詩中，他依然掩飾不住澎湃的激動心情。此時的李攀龍已掃除了對當官的畏懼心理。

途經浙江桐廬縣嚴陵[08]時，聽到王世貞被朝廷起用的消息，李攀龍甚覺欣慰，立即催促還在猶豫不決中的王世貞即刻上任，並在〈過嚴陵〉一詩中寫道：

嚴陵物色動新年，解纜春回七里船。
繡嶺更宜殘雪映，釣臺高併客星懸。
灘聲乍合三江壯，山勢遙臨百越偏。
此日青陽瞻帝座，羊裘深愧昔人賢。

臨近除夕，李攀龍抵達任所，還沒等住所安排妥當，就廢寢忘食的投入繁忙的工作中去了。從他給朋友的信裡「日判五百牘」的言語中，可以想像，他的工作相當繁忙，但也可以從中看出，李攀龍的工作熱情是十分高漲的。

寸陰尺璧，日影如飛。

「彩筆如花誰不羨？敢將春興鬥芳菲。」李攀龍在杭州任職的日子裡，心情是十分舒暢的，與在順德和陝西時比起來，有著天壤之別，不再「去住俱貧病，風塵動渺茫」。西湖的清波碧水滌蕩了他心中的風塵，西湖的細雨熏風醫治了他貧病的鬱悶。由此可以看出，中國的文人一旦仕途通暢，便不再做出世之想，更不再去選擇隱遁的生活。

隨著仕途的順暢，再次在詩壇上揚起「後七子」的旗幟、重振當年風采的想法，也在李攀龍的腦海裡湧現出來。

08　嚴陵，相傳為東漢名士嚴光隱居垂釣處。光武帝曾因嚴光而多次垂訪此地。

　　與此同時，他結識了從福建轉到浙江任職的戚繼光。

　　之前，李攀龍就對戚繼光很是崇敬。

　　嘉靖四十年（西元一五六一年），倭寇曾率盜船百艘，領兵一、二萬犯臺州（今屬浙江省），參將戚繼光率領「戚家軍」力戰群倭，經過四十天的激戰，獲得臺州大捷。消息傳來，李攀龍高興的寫下〈即事四首〉，其一：

> 羽書秋色外，飛挽海陵回。
> 日上犁庭議，時難度漠才。
> 物情奇士過，天造異人來。
> 側席勞明主，黃金正滿臺。

　　李攀龍一面讚頌戰功，一面諷喻朝政，真心希望朝廷能信任和任用良才猛將來保衛海疆。

　　戚繼光（西元一五二八年至西元一五八八年），山東蓬萊人，字元敬，號南塘，晚號孟諸，明朝傑出的軍事家、民族英雄。其祖為明朝開國將領戚祥，曾任朱元璋親兵，洪武十四年（西元一三八一年）病逝，授世襲明威將軍。

　　戚繼光自幼跟隨父親讀書、習武，從小就立下了馳騁疆場、保家衛國的志向，一生中四十餘年均在軍旅中度過。嘉靖二十八年（西元一五四九年），二十二歲的戚繼光帶兵從登州到薊鎮戍守。第二年，戚繼光回山東參加鄉試，中了武舉人；同年，到北京參加會試。此時，正值俺答汗率領蒙古軍揮兵南下，一直打到了北京的東直門下，在京會試的武舉人奉命參加

保衛京師的戰鬥，其時，戚繼光被任命為總旗牌官。

　　嘉靖三十二年（西元一五五三年），沿海地區倭寇猖獗，戚繼光被任命為署都指揮僉事，負責山東全省海防。在任內，他大力修建海防工事，整頓軍紀，加強練兵，使得山東海防日趨鞏固，受到朝廷的讚許。嘉靖三十四年（西元一五五五年），他又被任命為浙江都指揮僉事，主管浙江全省的屯田事務。不久，東南沿海倭患嚴重，他被任命為浙江寧紹臺參將，管理寧波、紹興、臺州三府數十州縣的軍務。嘉靖三十七年（西元一五五八年），他又被提升為總兵官，鎮守福建及浙江金華、溫州二府，都督水陸諸戎務。

戚繼光在蓬萊的故居

　　嘉靖四十年（西元一五六一年），倭寇大舉侵犯臺州，戚繼光率領戚家軍大破倭寇於浙江臨海，九戰九捷。

　　嘉靖四十二年（西元一五六三年），戚繼光與福建總兵俞大猷、廣東總兵劉顯等獲得平海衛大捷。從此，倭患終被蕩平。

　　戚繼光作為一位軍事家，著有軍事專著《紀效新書》、《練兵實紀》。但他還擁有另一個身分，即文化身分，只不過這一身分以往太多的被他一代名將的光環所遮蔽了。他獨特的文化身分使他成為中國軍事文化史上一位極其傑出的人物。在他的日常生活中，不僅有著刀光劍影，也有著詩人豪情，戚繼光曾著有詩文集《止止堂集》。

　　在江南和閩粵沿海抗倭獲得卓著戰功以後，戚繼光與官場上的文人和隱於民間的文人交流開始增多。特別是在他結交了文壇領袖人物李攀龍和王世貞之後，許多文學之士，都漸漸成為他帳下的幕客，使他的文化交際面不斷擴大。

　　一天，戚繼光將自己撰寫的十八卷本的《紀效新書》贈送給了李攀龍。

　　《紀效新書》是戚繼光在浙江義烏練兵、與倭寇作戰的經驗總結，同時也是此後抗倭戰爭中練兵、作戰的指導原則。

　　李攀龍讀後，認為這本書堪比《司馬法》和《孫子兵法》。

　　在給戚繼光的回信中，李攀龍除了讚揚這本兵法之書寫得很有獨特的練兵思想和作戰指導作用，還敘了山東老鄉之情；同時，李攀龍對戚繼光大加讚美，認為戚繼光的功勳比春秋末

期齊國著名軍事家田穰苴、孫武有過之而無不及。

透過閱讀《紀效新書》，李攀龍感到一直處於南倭北虜威脅之中的朝廷有救了，他為有戚繼光這樣守家衛國的將軍而感到非常興奮。更讓他興奮的是，他有機會親身領略了一次戚家軍的士氣高昂、威武嚴明。

紀效新書

李攀龍任浙江按察副使，主要是負責督察浙江的軍事防務等方面事宜。因為倭寇多次入侵，他最擔心的是海上的戰鬥力。

隆慶二年（西元一五六八年）三月的一天，他視察海防，檢閱的是抗倭名將劉顯率領的「戚家軍」。嚴整的軍紀、新穎的武器、士兵的列隊、戰船的布陣、火炮的威力、水兵與騎兵的配合作戰等，讓他大開眼界，讓他留下了深刻的印象：

不佞既東，陌落恬然，秋毫不犯。登場大閱，復睹紀律森嚴，士氣距躍，技藝精真，可蹈水火。艨艟便捷，投枚記里，槳舵之利，折旋如活；炮石四興，波濤響應；削柿樹檄，

示疑設伏。所征敘、瀘弁旄之步，閩、粵善遊之徒，三河挽強之騎輩相扼腕，唯敵是求，乃日椎牛行犒，而帷幄自愛也……攝海之役，不佞所以身覿其美者如此……乃既奉違，怳然自失，有如目前，至今不置，非敢為誕也。（摘自李攀龍〈報劉都督〉）

隨後，李攀龍又迫不及待的把「戚家軍」的威武雄壯及自身感受告訴了王世貞：

戚將軍實壯旗鼓，即至肅不覺嚅嚅作哄，喉中如叱敵追北狀。不佞今在視海，劉將軍者自謂十五從軍，身五百七十八戰，破寨九十有三，平蜀攘粵閩與維揚，口難劇談迸齒，始悉此二國士可與扼腕。（摘自李攀龍〈報元美〉）

信中李攀龍對劉顯將軍表示了由衷的敬佩。

事實也是如此，劉顯作戰勇猛、威武難擋，在抗倭名將中，是作戰最猛、武力最高的人之一。

經過此次閱兵，李攀龍感到一直受倭寇威脅的海疆從此有了安定的希望，對朝廷的國防建設也有了百倍的信心。他抑制不住內心的萬丈豪情，揮筆寫下了氣勢豪邁的〈大閱兵海上四首〉：

其一

使者乘軺大閱兵，千艘併集甬句城。
騰裝殺氣三江合，吹角長風萬里生。

帳擁樓臺天上坐，陣回魚鳥鏡中行。
不知誰校昆池戰，橫海空傳漢將名。

其二

戈船諸校錦征袍，水戰當場命客豪。
萬櫓軍聲開島嶼，千檣陣影壓波濤。
赤城深泛旌旗動，射的遙銜竹箭高。
東海便應銅柱起，何妨馬援是吾曹。

其三

列艦如城積水前，援枹擁棹出行邊。
桔橰氣逬流烏火，組練光搖太白天。
鵝鸛一呼風雨集，黿鼉雙駕斗牛懸。
即今萬國梯航日，並識君恩浩蕩年。

其四

新開帷幄控朝宗，萬里波臣老折衝。
海氣抱吳遙似馬，陣雲含越總如龍。
中流鼓應潮聲疊，下瀨戈回日影重。
自有長纓堪報主，誰言白雉竟難逢。

李攀龍的這四首詩，用檣桅如林的宏大場面、萬馬奔騰的磅礴氣勢、乘風破浪的勇士氣概、旌旗獵獵的壯志豪情、如龍一樣變幻的戰陣、討伐來犯的號角鼓聲，歌頌讚美了衛疆將士們誓死報國的決心和英雄情懷。此次的海上演習，遠遠勝過當

年漢武帝在昆明池練兵，將帥也比漢代的統軍越海出征的橫海將軍高明且有智謀。

同時，我們在詩中，也看到了詩人李攀龍愛國情懷的真實流露，以及他受儒家文化影響的忠君思想與家國情懷的集合。

戚家軍海上抗倭

這年四月，分別已久的徐中行來到杭州，與李攀龍聚會二十多天。兩人一起遊覽了水光瀲灩的西湖、群峰環抱的靈隱寺、宛如美人的保俶塔、寶石山上的大佛寺，所到之處，都寫有詩作。

秀麗的山水，讓他們流連忘返；禪心的滋養，讓他們享受清歡；自然的風情，讓他們神清氣爽；輕靈的韻致，讓他們淘盡悲歡。

徐中行在杭州期間，將自己的學生汪時元介紹給了李攀龍。

汪時元，字惟一，安徽休寧人，明代詩人，詩壇「後七子」徐中行的女婿，是當時江浙一帶很有名氣的出版商，曾拜李攀龍為師。

　　李攀龍也曾專門為汪時元寫過一首七言排律〈題徐子與門生汪惟一竹丘圖〉：

靈邱隱者一逃名，萬竹臨江見底清。
徒倚七賢相寄傲，便娟二女重含情。
葛陂詎信雙龍影，嶰谷空傳五鳳聲。
風雨長教秋色駐，冰霜兼與歲寒盟。
投竿渭水才堪老，受簡梁園賦已行。
願得此君開蔣徑，不妨佳客醉宣城。
浮雲西北來何莫，今日東南美自併。
截作武陵溪上笛，方知馬援有門生。

　　後來，在兩個人的談話中，汪時元與李攀龍談到了重刻《白雪樓詩集》一事，李攀龍很高興。於是，李攀龍委託他代為校刻，並把魏裳刻本外的詩歌全部交給了汪時元。

　　汪時元沒有辜負李攀龍的期望，在隆慶四年（西元一五七〇年）刻印了十二卷本的《白雪樓詩集》，此外，還陸續刻印了《滄溟集》、《古今詩刪》等，對李攀龍作品的宣傳、流行和保護可謂功不可沒。

　　一眨眼，二十多天過去了。

　　行走在光陰裡的人，明白了：不必與流光爭輸贏，一切都

是轉瞬即逝的浮雲。

　　臨別時，李攀龍前去送行，賦〈勞別子與〉二首和〈和子與留別〉二首。〈勞別子與〉其一感嘆道：

　　武林山對海門開，不枉登臨酒一杯。
　　十載故人零落盡，有誰還為渡江來。

　　隨後，李攀龍又去了寧波，查訪那裡的學校教學情況。

　　其間，李攀龍收到王世貞的來信。王世貞在信中說自己有再被朝廷起用的可能，然而，他因朝廷的腐敗、仕途的艱難和父親的冤案，已心灰意冷，不再抱有重出江湖之意。李攀龍希望年輕的王世貞，趁朝政清明，應該有所作為，並在分析「出」與「處」的關係時說，「出」與「處」均是人之常情，均要依據時局而定。

　　不久，王世貞得到河南按察副使、整飭大名等處兵備的任命，李攀龍寄信催促王世貞上任。在隨後的一封信裡，李攀龍分析道：如不赴任，可能會導致災禍。

　　李攀龍之所以力勸王世貞赴任，除了有感於王忬等冤案已昭雪和時局已轉向清明外，從根本上說，是根深蒂固的儒家思想在產生作用。

　　在〈元美起家按察河南寄促之官〉一詩中，李攀龍勸王世貞與自己一起入世，退一步講，一旦仕宦之路行不通，就把這些經歷當作「玩世」，到時再急流勇退也不晚。這既是勸王世貞

入世的一個手法，也是李攀龍真實想法的流露。

五月底，李攀龍晉升為浙江布政司左參政。

六月，因皇帝立太子，各地官員紛紛向皇帝敬獻祝頌的文表。李攀龍作為浙江布政司左參政，也隨之奉賀表北上，離開杭州時，寫了一首〈皇太子冊立入賀〉：

燕臺依舊鬱相望，玉樹金莖是帝鄉。
鳳闕雙懸雲五色，龍樓交映日重光。
九天氣王旌旗動，三殿風清劍佩長。
伏謁不違顏咫尺，十年西省愧為郎。

過吳門時，遇見王世貞兄弟倆，李攀龍力勸他們赴任。二人遂決定上任。

八月二十五日，李攀龍抵京。

九月三日，李攀龍進皇宮，覲見隆慶帝，敬獻賀表。

九月九日，恰值重陽登高節，徐中行抵京。

徐中行在家鄉聽說李攀龍要離開浙江的消息，立即奔赴杭州，想再見李攀龍一面，但快趕慢趕，也沒追趕上，感到十分遺憾。此時，王世貞正準備赴河南任職，徐中行便與他同行，然後赴京。

在濟寧，兩人分開告別，各奔前程。

進了京城，徐中行與李攀龍相見。兩人喝著黃花酒，觀賞著天上的一輪秋月，談論著詩歌，甚是歡喜。徐中行有詩道：

秋風幾日到長揚，濁酒新開漢苑旁。
燕市十年還二子，龍山何處更重陽？

其間，李攀龍和徐中行還在京城遇見了抗倭英雄戚繼光。

在給戚繼光的信中，李攀龍說：「詎意假道還朝，披睹長者，歡如平生。不常款接，謬辱清裁，愈益瞻注……不佞與里閈之榮施，獲望見顏色，不勝大願。」

九月十八日，李攀龍上殿辭別皇帝。

十月，李攀龍從京城啟程，回濟南探望年邁的母親。

或許是隨著年齡的增長、閱歷的加深、少年銳氣的消退，這次回到家鄉，李攀龍早年的疏狂有所改變，在為人處世方面，也變得親和、謙遜，與官員們來往，不再像過去那麼冷淡。有地方官員前來交結，他也能前去迎接，並與之書信往來。

明朝寧獻王六世孫朱多煓，善詞賦，喜歡與文人雅士結交，曾透過同鄉余德甫結識了李攀龍和王世貞。當年，因他是皇室後裔，李攀龍與他交情也就不深。這次回鄉後，李攀龍也開始與在江西的朱多煓往來唱酬。後來，朱多煓入七子詩社，王世貞把他列入「續五子」之列。

在濟南探親期間，其好友徐中行在京城候選，得補武昌道。然後，徐中行離開京城，興高采烈的前去赴任。走到德州平原時，徐中行順道來到濟南，拜訪了李攀龍。二人見面，特別高興，又是一番飲酒唱和。李攀龍在〈送徐子與之武昌〉中寫道：

使君安在武昌城，江漢雙懸憲府清。
共許登高能作賦，不妨乘暇一論兵。
翛然白雪千人和，颯爾雄風萬里生。
更憶南樓明月好，欲攜佳興與縱橫。

　　隆慶皇帝在位的六年，是把持政權的兩大集團人物權力交替之際，原本的嚴嵩父子的強權集團倒塌，而新的張居正強權集團還未大權在握。在這段權力尚未高度集中在個人手中之際，「後七子」由於堅決反對嚴嵩父子而獲榮譽，他們每個人也隨之名聲遠颺，先後被起用或重用。

　　「後七子」成員的先後被起用，讓李攀龍感到十分高興，他希望徐中行在楚地能「翛然白雪千人和，颯爾雄風萬里生」。

　　十二月，李攀龍在濟南接到新的任命，由浙江布政司左參政升為河南按察使。隨後，又得到消息，王世貞由按察大名轉浙江布政司左參政，補李攀龍的原缺。

　　王世貞對接替李攀龍的原缺很高興，且此地距離其家鄉又近，於是，他很快就從冀、魯、豫三省交界處的大名府啟程，高高興興的趕赴浙江。

　　隆慶三年（西元一五六九年）正月十六日，王世貞在赴任途中，路過濟南，拜訪了也即將上任的李攀龍。王世貞在〈于鱗自浙藩遷長汀枲時予實為代，有贈〉和〈正月十六日于鱗會於齊河，挾一生為姑布術者〉詩中，記錄了此事：

十年清泌未蹉跎，已見三臺歲裡過。
盛世詞壇牛耳在，中原宦跡鳳毛多。
梁園再起千秋雪，汴水遙增萬里波。
薇省至今江左地，代興公意竟如何。
天涯得代非為遠，元夕初過尚勒春。
小酌可成燒尾宴，壯心俱付耗磨辰。
原無蔡澤輕肥想，自喜桓倫歷落人。
不是誇君輕去就，五湖生事未全貧。

李攀龍熱情洋溢的唱和了一首〈早春元美自大名見枉齊河〉：

如此春醪醉莫辭，中原攜手即佳期。
何人命駕能千里，與爾彈冠又一時。
岳雪故應回匹練，江潮今復借褰帷。
比來慷慨悲歌地，河朔風流更有誰。

兩人分別之際，李攀龍又作一首〈送河南按察副使王公元美自大名之任浙江左參政序〉，放入信中並派遣僕人追送給王世貞，信中談到了對王世貞的依依惜別之情。

人們常說，人生何處不相逢。其實，很多時候，在兩個告別的人轉身的那一瞬間，就真的從此天涯相隔，無處相逢，永不再見。

是的，轉身一別，就是一生。

長亭外，古道邊，芳草碧連天。晚風拂柳笛聲殘，夕陽山外山。

人生如逆旅，我亦是行人。

　　我不知道，當年李攀龍和王世貞分別時，眼裡翠綠的春草是否望不到邊；但我知道，離別後的他們，眼裡的淚水，都滑落在了憂傷的心頭。

　　離別的背影，往往拉得比記憶的影子還悠長。

第八章　我今為客渡江來

第九章
長留白雪照乾坤

獨領文壇二十年，聲華意氣蓋海內。

李攀龍去世消息傳開後，一時間，引起大江南北眾多詩人的關注，一大批文壇、政界人士及隱士、高人、詞客、僧道奔走相告，紛紛寫詩文悼念這位詩壇隕落的巨星。

隆慶三年（西元一五六九年）二月，李攀龍帶著母親張氏及李馴母子到開封上任。

兩年前，李攀龍從濟南啟程赴浙江上任時，就想帶上母親。當時，母親嫌路途遙遠，就沒跟隨到浙江。這次任職河南開封，離濟南近便，於是，在李攀龍的一再要求下，母親張氏就答應下來，同時帶上了李馴母子，到了河南也好有個照應。

到了開封，李攀龍對母親精心照料，以此報答母親對自己的養育之恩。李母膝下有兒孫圍繞，享受著天倫之樂，生活得充實而愉悅。

勤勉工作之餘，李攀龍依然喜歡廣交文朋詩友，賦詩唱

和。河南有很多官員和讀書人，聞聽李攀龍的到來，歡欣鼓舞，宴飲相慶。李攀龍變得不再恃才傲物，也不再端著自命清高的架子，很快與他們融在了一起，相互往來，一派和氣。

三月，李攀龍收到徐中行抵達武昌的書信。同時，李攀龍知道了「後七子」之一的吳國倫從福建邵武到了廣東高州，寫了兩首懷念過往歲月的詩〈吳使君自邵武之高州〉，贈給了吳國倫：

其一

先朝五子結交情，一日青雲滿鳳城。
漢主憐才金作署，楚臣能賦玉為名。
已應龍自延津起，那更珠還合浦生。
直置壯遊消不得，才兼遷客重縱橫。

其二

中原五馬日騑騑，嶺外翻傳俗吏稀。
逐客也須常作好，使君安見遠遊非。
庶無疾病堪乘興，況有登臨可當歸。
漂泊秋風同一葉，幾時還向洛城飛。

六月，李攀龍得知另一位「後七子」成員——張佳胤從廣西布政司左參議職位上調任河南按察司副使的消息，感到十分驚喜，隨即寫信給他，表示祝賀。李攀龍對一些昔日的知己得到重用是真心的歡喜。

　　此時，其好友許邦才正在開封任周王府長史。於是，李攀龍約許邦才在其開封的寓舍「梁園」相會。此後，兩人經常聚在一起，彼此往來唱和。這期間，許邦才還把他結識的開封名士西亭先生引見給了李攀龍。

　　西亭先生即朱睦㮮，字灌甫，號西亭，是明代的藏書家、學者；因晚年在開封城東陂上構築講學的處所，又稱「東陂居士」。他是周定王六世孫，封鎮國中尉。其自幼好學，二十歲通五經，精於《易》、《春秋》，藏書極富。明初，全國私人藏書之富，推江都葛氏、章丘李氏，兩家藏書散出後，他全部購去。他當時家居於汴梁（今河南開封），就其宅西建書堂五楹，名「萬卷堂」。他將書類分為經、史、子、集四部，用各色牙籤識別。

　　許邦才到開封任周王府長史時，與名士西亭先生結識，並請他為《海右倡和集》作序。同時，西亭先生很早就聞知李攀龍的大名了。

　　李攀龍到開封後，他們之間自然少不了彼此往來唱和。

　　正當李攀龍激勵自己像當年的諸葛亮那樣鞠躬盡瘁、兢兢業業做一番事業時，這年閏六月初，其母張氏突發疾病，一夜之間就撒手人寰了。

　　千古傷懷，莫過死別。母親的突然離世，對從小就與母親相依為命又極其孝順的李攀龍來說，是無比悲痛的。他悲傷的仰天長嘆，「誰謂河廣？力疾以遷。誰謂天遠？喘息判然……未

畢正伏，溘焉首丘！暴不及訣，危不及持。母豈自意，孤常是期」，「相視一訣，洞為肺腸」。

將母親的遺體裝殮後，李攀龍寫下了〈自河南告太恭人文〉。

六月十三日凌晨，李攀龍啟程將母親的靈柩帶回家鄉安葬，讓母親落葉歸根。

十五日，他渡黃河，出河南境。

十六日，一行至曹州，遇大雨，暫停上路。

二十日，李攀龍經濮陽，事先知道喪事的李先芳，當道祭奠。

二十五日，李攀龍抵達濟南後，臨時置棺待葬，選定十一月二十八日啟父親的墓穴，父母親合葬。

突然喪母的悲傷，加上一路舟車勞頓，對李攀龍的精神和身體都是沉重的打擊。依照慣例，他要守制三年，三年內，停止一切娛樂和交際活動。原本想重整旗鼓，與先後得到起用的朋友們一起，精忠報國，更希望母親能有個幸福的晚年，可這剛鑽出堅硬土壤的嫩芽，還沒來得及舒展枝葉，就被生活的寒流冰封了。

那段日子，李攀龍一直沉浸在痛苦的思念中。他回想起母親對他的關懷，「生實不德，乃至親日偵其肥瘠」，在得到任命時，因家中沒有積蓄上路，母親就將自己的首飾變賣，替他置辦行裝，母親不但沒有一絲怨言，反而催促他趕快上路赴任。

升河南按察使後，母親一直照料著孫子，閒暇時，常常一個人，面朝著濟南的方向，自言自語的念叨著。李攀龍知道母親眷戀著故鄉，人老了，也不願在外漂泊，總覺得躺在老家的床上踏實、穩妥。異鄉千好萬好，不如家鄉的屋前草。

李攀龍自責沒能盡心盡孝，平日裡，總是忙於公務或與文朋詩友交流往來，就是沒有好好陪伴母親、和她老人家話話家常，總覺得死亡離母親很遙遠，直到母親突然離去，他才領悟到死亡離任何人都不遙遠。

因過於悲傷，李攀龍精神疲憊、面容憔悴，再加上他身體向來羸弱，這次喪葬又耗費了他許多心力，身體狀態大不如前。

李攀龍任職期間從不收受賄賂，因而舉家清貧，母親去世花去了他僅有的一點積蓄。他的經濟狀況每況愈下，李攀龍甚至有過典賣白雪樓的想法。

隆慶四年（西元一五七〇年）六月，李母週年忌日前後，張佳胤、殷士儋、李先芳等朋友先後致文祭奠。李攀龍分別致謝回禮。

此後，李攀龍的身體每況愈下，精力更是不濟。在回鄉守制的一年中，他除了受請託寫了幾篇碑銘序傳之類的文章外，幾乎沒有詩作。一年來，他每天都鬱鬱寡歡，度日如年。回顧自己的仕宦生涯，他對「倏去倏就，三仕三已」的經歷也能安然處之，不再有什麼遺憾。

他感到有些累了。

天有不測風雲，這年八月十九日，李攀龍忽然心痛病發作。第二天，李攀龍就在西關柴市祖宅裡辭世了，享年五十七歲。

沒有人知道他臨終前的眷戀和不捨，也沒有人知曉他閉眼前看到的天空中，是否有一隻從桂花樹上飛起的黃鳥。

他該是安靜的，像一朵飄過流年光影的雲。

從此，明朝的盛衰榮辱，是變成了一杯冷卻的殘茶，還是換成了一寸老去的斜陽，與他又有何干？

從此，世間種種，悲歡離合，愛恨情仇，與他再無一點牽絆，連同那吹落一地殘紅的晚風。

只是他詩裡的笛裡春愁，詞裡的梁間月色，誰能心有靈犀，讀懂。

與誰相遇，一切皆在冥冥之中。

李攀龍走了，離開了生於斯長於斯的濟南，離開了紛擾不已、宦海浮沉的場合，離開了春色蕭條、客渡秋風的境地，離開了以傷繪樂、分分合合的凡塵，就像回歸田園、擁山而居。所有喜與悲都已化為滋養萬物的塵與灰。

如果還有不死不滅的，那便是骨頭支撐起的詩魂。

隆慶五年（西元一五七一年）三月十一日，濟南舉行盛大儀式，安葬李攀龍這位文豪巨匠。駐濟南府的山東諸要員參加了儀式。

巡撫梁夢龍在其祭文中有「馳騁漢秦，睥睨當世。垂天之

翼，縱海之鱗。奇葩元藻，招揭古今」、「唯公體道，忠孝不渝」、「調掩陽春，樓空白雪。箕尾上乘，文光不滅」等讚美之詞。作為地方大員，其對一代文化名人的尊敬，反映了一個時代思想、文化、信仰、精神的風氣和面貌。

布政使徐栻、副使徐用檢、都指揮僉事李希周等的祭文中有「文夙丕變，桃李門牆。河洛澄清，風紀提場」、「孔孟故里，公之故鄉。聖賢至教，公已備嘗。天假數年，鴻就更張」之語，既是對李攀龍在文化上的貢獻給予讚揚，又是惋惜老天不給李攀龍更多的時間來展示才華，實現抱負。

李攀龍的生前好友也紛紛趕來祭奠。

殷士儋寫的墓誌銘充滿了深情厚誼，並且言簡意賅，高度歸納了李攀龍為「古大雅者」、「當代之宗工巨匠」。銘文從三個方面對李攀龍的一生做了總結：（一）李攀龍作為文化的傳承者，「鏟削巧利，滌濯滓垢」，弘揚正氣，崇美揚善。（二）李攀龍作為士大夫、為官者，「以緣吏事，罔試弗理。入掌庶獄，出典大邦，柄文持紀，書獄獄平，治人人安，風士士起」，公正無私，依法守紀，是正直的好官。（三）李攀龍是一個真誠、有志向、有學識、生活節儉的人，他的品格，堪為士林之典範。

許邦才作行狀，敘述了李攀龍世系、生平、生卒年月、籍貫及事跡並有祭詩〈哭滄溟祝兄〉。

李先芳驚聞李攀龍噩耗，作詩〈五哀詩·李滄溟憲長〉悼念：

鮑山宿草幾經秋，歷下猶傳白雪樓。
白雪調高人寡和，鮑山雲盡水空流。
斷腸魂夢通今夕，握手交情憶昔遊。
曉倚東門占紫氣，真人倘許駕青牛。

時任山西按察使的王世貞，千里迢迢派遣使者前來祭奠，他寫的〈祭李于鱗文〉言辭激切，悲情深摯：「唯子文章，珠藏玉府。示世模楷，為明粉黼。獨立熙臺，子鼓余舞。炳烺長夜，追琢萬古。余所心悲，鬱曲齟齬。千二百言，亦足以吐。其未竟者，酹而告汝……忽傳子耗，既疑且愕。曾未回睫，家禍亦作。髓淚駢枯，肝腑寸鑿。」

一九二九年拍攝的李攀龍墓

181

這天，李攀龍安葬於北馬鞍山東麓。[09]

獨領文壇二十年，聲華意氣蓋海內。

李攀龍去世消息傳開後，一時間，引起大江南北眾多詩人的關注，一大批文壇、政界人士及隱士、名流、詞客、僧道奔走相告，紛紛寫詩文悼念這位詩壇隕落的巨星。「歷下青山成夜壑，樓中白雪化哀湍」（雲間莫是龍）；「一斷朱弦空日月，長留白雪照乾坤」（譙園曹昌先）；「太白星沉滄海夜，岱宗雲散大荒秋」（嶺南歐大任）；「青衫獨下江南淚，白雪空吟海右章」（玉峰梁辰魚）；「岱岳煙雲秋黯淡，鮑山風雨夜淒涼」（瑞郡況叔祺）；「琴逢山水難為調，眼到乾坤始信君」（四川張佳胤）……這些深沉的詩句，說明李攀龍標舉高古的詩風影響深遠，廣為詩壇所推重。

「後七子」之一的李先芳作〈寄弔〉詩：「四海論交二十秋，夫君佳句勝曹劉。懷中久握連城璧，歷下重開白雪樓。入夢長庚元不偶，行空天馬故難留。灌園剩有山翁在，倚杖柴門哭未休。」李先芳對李攀龍詩的成就、學識極為推崇，稱李攀龍是他的心中獨一無二的金星，是「行空天馬」。而詩末的「倚杖柴門哭未休」，則感人至深。

另外，徐中行有〈滇南聞于鱗訃哭之以詩〉四首，魏裳有〈哭于鱗〉四首，山東巡撫梁夢龍率諸僚有祭文。

是年，汪時元校刻十二卷《白雪樓詩集》印行，王世貞、

09　據侯林先生考證。

徐中行、余日德寫詩，追念這位詩壇領袖。

次年七月，李攀龍的長子李駒[10]派遣使者前往太倉追弔王世貞母親的喪事，並把李攀龍手稿帶給王世貞，請他整理刊刻。王世貞邊讀李攀龍的詩稿，邊椎心刺骨的懷念李攀龍。

王世貞隨後把自己編的《尺牘清裁》增益至六十卷，第六十卷全部遴選李攀龍的書信；又為李攀龍的集子向汪道昆、徐中行邀序，在隆慶六年（西元一五七二年）刊刻，書名《滄溟先生集》，此刻為張佳胤序。在此前後，李攀龍編選的《古今詩刪》也由汪時元刊行，王世貞受託為序文。

李攀龍病逝後，不過三十年間，其子孫多早死或夭亡，家道也隨之衰落。王士禎〈池北偶談〉記道：「李滄溟先生，身後最為寥落。其寵姬蔡，萬曆癸卯，年七十餘矣，在濟南西郊賣胡餅[11]自給。叔祖季木考功見之，為賦詩云：『白雪高埋一代文，蔡姬典盡舊羅裙。』滄溟清節可知矣。」

明萬曆四十四年（西元一六一六年）春，王士禎的叔祖王象春從南京吏部考功員外郎任上告病還鄉，來到濟南百花洲。這時，白雪樓已僅剩茅屋數間和「白雪樓」一塊匾額。

望著昔日的「湖中樓」，王象春感慨萬千：

10　李攀龍之子李駒（字千里，號松盤）入為國子監監生，繼承了其父的才華，成為一名散文家，並得到王世貞的褒讀。

11　胡餅，應該是指類似饢的一種烤製的麵餅。饢是兩面烤製，胡餅是一面烤製。李攀龍去世後，蔡姬回到廣會橋西邊的西關柴市。當時，那一帶已是少數民族回民比較集中的居民區域，而回民常見的麵食是饢。

> 白雪高埋一代文，蔡姬典盡舊羅裙。
> 可憐天半峨眉雪，空自頹樓冷暮雲。

詩人在詩中感嘆道：殘破的白雪樓四周長滿了荒草，埋沒了一代讓人敬仰的大詩人，李攀龍家道衰落後，只能依靠蔡姬苦苦支撐；可憐這曾經居住過被尊為「宗工巨匠」的地方，如今卻空自冷落在蒼茫的暮雲之中。

回想當年紅袖佳人蔡姬，如今也已變得頹然老醜。她以羸弱的肩頭，挑起了支撐這個破碎家庭的重擔。她先是變賣掉世居田產，然後，住回臨近趵突泉的西關柴市祖宅，與李攀龍的另一侍妾盧氏和兒媳馮氏相依為命，靠著替別人家做針線工作、賣一種類似饊的麵食為生，即使這樣，也常常連粥都沒得喝，情境之慘，令人唏噓。

王象春前去探訪，看到白髮青裙、年已七十多歲的蔡姬，不禁潸然淚下。臨別時，他送了些銀兩，以賙濟她們。

後來，出於對李攀龍的景仰和對其晚年及死後家境遭遇的同情，王象春出雙倍的價錢將碧霞宮西邊的白雪樓殘居買下，重新修葺，並更名為問山亭。為表達對前輩詩人的尊重，王象春作竹枝詞〈得于鱗湖邊舊舍居之〉一首：

> 草堂略似浣花居，珍重先生手澤餘。
> 不比謝墩爭姓字，但須更貯滿樓書。

詩後附記道：

于鱗先生城中書樓亦名白雪，在碧霞宮西，百花洲上。蕞然一茅，頹敝不堪，晴則見星，雨則仰漏，五易主而不售矣。余以先賢故，倍直市之。仍其匾額不忍易。南山遞翠，近渚飛香，恨無于鱗佳句酬之，恐屋宇羞餘，又作〈北山移〉也奈何！

王象春居於此處，讀書賦詩之餘，徜徉於濟南的湖光山色之間，寫下了有一百零七首頌詠濟南山水詩的《齊音》一書。其中，有寫大明湖的，「萬派千波競一門，岡巒回合紫雲屯。蓮花水底危城出，略似鏤金翡翠盆」；有寫百花洲的，「宮泉先注百花池，池畔絃歌漾酒旗。秋老內園紅葉落，溝中日日有題詞」；有寫北芙蓉泉的，「碧霞宮左北芙蓉，深葦荒蘆閉乳鐘。傳說每年驚蟄日，居民床底吼蛟龍」；有寫馬跑泉的，「將軍戰馬就懸崖，石底空聞吼怒雷。四鐵一敲冰雪湧，始知赤兔本龍媒」；有寫灌錦亭的，「櫺牙直飲水中間，風送書聲淑氣還。只有此亭高且敞，雨晴欹枕看華山」；有寫黑虎泉的，「泰山之下婦人哭，泉吼猶能怖嘯風。何故焚香祀猛虎，生祠幾處在城中」等等。

另外，王象春還著有《問山亭集》等。

問山亭的主人隱退到了光陰背後，像安詳的時光，傾聽著泉水流過青石的聲音。

新鮮的陽光落下來，鏡涵池充滿了碧荷的氣息。

未曾謀過面的那個詩人，在古風裡吟唱：「萬派千波競一

門，岡巒回合紫雲屯。」

一隻青鳥，從天空飛過。

時過境遷。有誰還記得將白雪樓重新修葺的王象春？那座問山亭裡的燈盞，照亮過多少吟詠濟南的詩行？

是誰，將一百零七首七絕，詠唱給濟南的山水？讓人一想起水潤的濟南，心頭就不免漾起一陣陣的柔波。

讓人心嚮往之，就像記取最美的那一寸光陰。

清乾隆年間，濟南詩人董藝也曾到訪過李攀龍西關柴市祖宅，目睹了一個副省級官員後人的窮困潦倒。董藝感到非常傷心，他在一首竹枝詞〈柴市〉中描述道：

柴市歸來日又斜，蔡姬遲暮倍堪嗟。
羅裙典盡紅顏老，斷腸西郊賣餅家。

明代四大著名書畫家之一、山東臨邑（今屬德州）已近五十四歲的邢侗，見到百花洲的白雪樓荒涼、破敗的景象之後，特地向山東巡撫孫文融上書了一篇〈上撫臺孫文融〉：

竊見歷下李滄溟先生攀龍，保真履素，取則先民，熔古鑄今，蔚為代寶，海內綴文之士靡不宗之。而今五畝之宅已非文靖之舊，襄陽之里空標孟亭之名。門祚寥寥，云仍僅僅，侗每詢訪人士，皆云李駒淪喪，有子繼亡，只遺一孽孫，又復無母，才離襁褓，寄命嫠媼，是為駒者婦，僦居窮巷，托跡浮萍。並日無粗糲之食，經年鮮漿汁之饋，致令鮑山黃土作赤驪以笑人。鵲湖白雲，化素虹而繞墓。其於今

日，責在明公，唯伺含意欲申。

……伏願明公下記所司，略損公帑，為贖數椽之敝屋，小復白雪之舊居。月或給米一石，歲布若干匹，藉以長養壯發，綿延後昆，一線猶龍之緒，實被如天之福，斯文一脈，其疇逆心。是在臺端倡義，力此永圖……

此信大概的意思是：李攀龍去世以後，他的兒子李駒不久也病亡，隨即，他的孫子相繼亡故，現只有李攀龍剛不吃奶的重孫，與曾祖母及祖母借居於窮巷，缺吃少穿，令人恥笑。為此，請求巡撫撥款，出資贖購白雪樓並置田以讓李攀龍後人居住，並每月定期供應糧米、每年資助些布匹，以綿延李家香火，傳承李攀龍的文脈。

邢侗的建議，很快得到了孫巡撫的支持。他責令當時剛到任一個月的歷城縣令陳采居為李攀龍立嗣，並購買良田、修建房屋，以供李攀龍後人居住。

明朝萬曆年間，十分敬仰李攀龍的山東右布政使葉夢熊，見李攀龍生前在王舍人莊東北隅建的白雪樓、百花洲上建築的白雪樓和他讀書的房舍都已成為一片廢墟，瓦礫間也已長滿了蒿草，特出資在李攀龍當年讀書的勺滄園遺址附近建構了第三座白雪樓，以寄託對先賢的追念之情。

萬曆十七年（西元一五八九年），白雪樓落成，此時距離李攀龍辭世近二十年。

這就是後人所稱的「瀠源白雪樓」。

葉夢熊（西元一五三一年至西元一五九七年），字男兆，號華雲，惠州府歸善縣萬石里（今廣東省惠州市惠城區）人，明朝大臣、軍事家；嘉靖四十四年（西元一五六五年）進士，官至兵部尚書、南京工部尚書、太子太保；著有《華雲集》、《五鎮奏疏》、《籌邊議》、《關西漫稿》、《戰車錄》、《運籌決勝綱目》、《萬世文字之祖論》等。

萬曆十四年（西元一五八六年），朝廷考察內外官員，葉夢熊被評為「廉能第一」，升任山東肅政廉訪使。葉夢熊制定「慎刑條約」，令諸司恪守，不得輕議亂逮，以防冤枉無辜，山東諸郡一時政清獄簡。其曾任山東按察使、山東布政使。

建造一座新的白雪樓，絕對不是為了李攀龍一個人的問題，李攀龍作為明代「後七子」的領袖人物，舉世公認的「風雅正宗」，是濟南的文化象徵、文化旗幟，他同時展現著濟南文化與齊魯文化的精神高度。難得的是，作為（日後）一名叱吒風雲的戰將與統帥，葉夢熊有著彌足珍貴的文化視野（他或許早年便是李攀龍作品的崇拜者與粉絲）。而且《明史》本傳記載他的特點是「有膽決，敢任事」，這就是說，他看準了的事就會堅決果斷的做，不怕承擔責任。這與那些遇事瞻前顧後、患得患失的人們恰成對照，這樣的人，往往是能做事且能做成大事的人物。白雪樓不僅要建，而且要建在濟南風景最好的趵突泉上。建樓，不會沒有阻力的，我們看到，葉夢熊毅然拿出自己的俸祿便知此事之不易（乾隆《歷城縣志》：「于鱗即世，子孫淪亡，嶺南葉公遊宦歷

下，捐俸錢，起樓臺於濼源隙地，如其題焉，非其舊也。《舊志》。」）。嶺南葉公，亦是一位值得濟南永遠銘記的人物。

（摘自侯林、侯環〈在精神的高地上，那面獵獵飄揚的文化旗幟—李攀龍白雪樓考〉一文）

萬曆四十二年（西元一六一四年），巡鹽御史畢懋康在濼源白雪樓西側建起歷山書院。可惜，白雪樓在明末因風雨剝蝕而坍毀。

南京禮部侍郎陳升在他的〈登樓，懷于鱗先生〉一詩中寫道：

> 有心憐往哲，人去畫樓空。
> 千載風流合，一樽意興同。
> 泉仍當日白，花勝舊時紅。
> 何處吟魂結？依依夜夢中。

編著《歷乘》（即歷城縣志）的明代濟南詩人劉敕以及光盧分別寫有〈醉歌，懷李于鱗〉、〈趵突泉白雪樓〉，這些詩充滿了對李攀龍的緬懷之情，詩情真摯，同時，也對白雪樓的荒涼之境、對陽春白雪高雅文化的冷落表達了同情與關注，並希望白雪樓重新矗立在趵突泉畔，讓後人領略大雅之韻。

清順治十一年（西元一六五四年），山東布政使張縉彥重建白雪樓。

清順治十三年（西元一六五六年）十月，三十九歲的詩人施閏章在山東當官。在考察教育期間，施閏章曾到李攀龍墓地

拜祭。當時，墳墓四周沒有任何樹木，只有荒草布滿了孤墳，還有牛羊在上面吃草；墳地的一側，歪倒著一塊無字墓碑。見此情景，施閏章眼裡的淚水忍不住流了下來。

於是，施閏章撰寫了碑文，派人豎立了墓碑。碑文寫道：

> 嗚呼，有明三百年，著作家眾矣！獻吉、仲默已還，稱元美、于鱗，天下無異詞。元美虎視四海，獨亟推歷下曰：「漢朝兩司馬，吾代一攀龍。」蓋歘然以身下之。迄於今家有其書，人耳其姓字，傳誦其流風遺韻不衰。……論其著者，于鱗生平非先秦兩漢書不讀，非王、吳、殷、許、宗、徐輩不交歡；其為詩，環視諸公，非盡出己下則不出；考之詞賦之科，可謂嘐嘐道古進取之狂士也。其詩，七言近體，高華典麗，有峨眉天半之目，拔其尤者，千人皆廢；樂府五言古，摹漢魏；古文詞，摹《左》、《國》先秦，高自稱引，及元美所標榜，頗失之太過，要之，非近代小家所能措手。夫文章之道，有利有鈍，小則霸，大則王。于鱗崛起滄海，雄長泗上，諸姬主盟中夏，燕、秦、吳、楚之人翕然宗之，如黃河、泰岱，又如太原公子，望之有王氣，斯固萬夫之雄也。後之學者聞于鱗之風，皆振衣高步，追蹤古作者，于鱗其有起衰之功矣！

碑文寫得簡潔全面、深刻公允。此文與殷士儋的李攀龍墓誌銘、王世貞的李攀龍傳，都對李攀龍的研究有著極其重要的史料價值。

施閏章

　　施閏章在濟南居官五年，曾先後修葺孟廟、閔子廟、伏生祠墓等，並寫下了許多歌詠濟南風物的詩作。如，〈尋歷下亭舊址〉：「荒亭更百戰，往往皆逝波。古人不可見，來者自為歌。塵纓聊盥濯，杖策重經過。一城半湖渚，清風生芰荷。藉草酌我酒，數杯顏已酡。人生日苦短，流水一何多。」〈跂突泉上白雪樓〉：「傍水新移白雪樓，憑虛霽色俯齊州。青冥古木垂天暗，日夜寒泉拂檻流。詞客登臨還作賦，嶽雲繚繞故生愁。鮑山東望成今古，草閣榛蕪玉露秋。」〈濟南九日登歷山〉：「看山結伴太逡巡，杖策貪趣采菊辰。天際長風真落帽，樽前今日是閒人。蒼岩石壁孤城影，深洞莓苔古佛身。薄暮寒煙連海色，華峰千丈獨嶙峋。」

　　施閏章在〈遊龍洞山記〉一文中，對當時的龍洞山有很細膩的描述：「山皆積石，其西岩曰錦屏，丹壁蒼蘚，日月反照，爛若披錦。鸛雀蝙蝠，多巢石罅間。一穴深廣，銜石甕二，不知所自始……其東岩橫入山腹者為龍洞。洞口空明，可布廣席……微曦出岫，輕風在衣，山上下十里澗壑，聲皆潺潺……」

　　雍正年間（西元一七二三年至西元一七三五年），白雪樓因無人管理，年久失修，出現了斷梁、缺椽、碎瓦的情況，就像一株衰草，在風雨中飄搖著。清代濟南詩人劉伍寬的〈登白雪

樓〉一詩，描繪出了當年白雪樓深陷頹垣亂石、荒煙蔓草之中的畫面：

> 涼秋九月號北風，月魄旁死光朦朧。
> 我來重尋舊遊地，濁流散亂荊棘叢。
> 狐狸鼪鼯相叫嘯，熒熒如豆青燈紅。
> 推門大叫陟層梯，蛛絲亂絡滄溟翁。
> 破窗半閉旋落葉，神櫥姓字塵埃封。
> 嗚呼公昔在明代，雄才大略驚兒童。
> 奔走中原眾才子，後掩弇州前崆峒。
> 豈料今遭世冷淡，詩龕借為僧飯鐘。
> 浮飾耳目已可鄙，倨傲且欲逞梟雄。
> 俗子只足敗人意，睥睨寧能掩冬烘。
> 公臥樓上爾地下，對面不識寧非蒙。
> 嘆息無言出門去，白雪樓高空復空。

趵突泉白雪樓孤立在雜亂的荊棘叢中——慘淡的月光下，不時傳來狐狸們的嗷嗷叫聲，還有老鼠廝打或受到驚嚇的吱吱叫聲；樓上到處密布著白色的蜘蛛網；破敗的木質窗戶，伴隨著一陣陣冷風，不停的搖晃著。

為了濟南文脈能繼續傳承下去，濟南的許多名士四處呼籲，費盡了心思，絞盡了腦汁，不僅僅是為了修葺一座白雪樓，更重要的是為了風雅的正宗、為了對先哲的敬重。然而，現實竟是如此的殘酷，苦苦的哀告與執著的爭取，換來的卻是悵然的收場與悲哀的結局。

曾在山東任巡撫長達八年的岳濬，在乾隆元年（西元一七三六年）夏秋之際，也就是在他離任的前夜，命人將趵突泉畔的白雪樓強制拆除。

　　我們已無從知曉白雪樓被強拆的過程與經歷，我們所能看到的，是當時濟南詩人以悲憤鑄成的一篇篇文字。如，任宏遠在其〈秋日遊趵突泉，望白雪樓有感〉一詩中寫道：

池亭猶昔日，不見濼源堂（宋曾南豐建，僅存遺石）。
樹色霜前老，泉聲雨後涼。
騷壇盟主去，白雪書樓荒。
風雅悲淪落（樓為岳撫軍所毀），低徊立夕陽。

　　詩寫得淒涼之極，秋陽下白雪樓的一片廢墟令人唏噓不已。

　　我們不知道任宏遠冒了多大的風險，如此正氣凜然的將岳濬（岳撫軍，即岳濬。撫軍，巡撫也）的名字刻在恥辱柱上！

　　除了這首直斥岳濬的詩，任宏遠還寫有〈弔白雪樓故址〉：

無端海底劫飛塵，多少樓臺沒水濱。
白雪聲名消不得，鄉人猶說李于鱗。

　　深愛著濟南的任宏遠認為：白雪樓的被毀是濟南的一場劫難；然而，毀樓者不會明白，在濟南，在山東，並不能因為白雪樓的被毀而抹殺人們對李攀龍的崇敬。

　　白雪樓後世又幾度重修，都被李攀龍九世孫李獻方於光緒二年（西元一八七六年）記錄在了〈重修白雪樓記〉中：

　　先九世祖滄溟公白雪樓，初建於城東王舍莊，再建於湖上碧霞宮側，後俱傾圮。明萬曆間，臬使葉公夢熊補建於趵突泉上，年久亦廢。至國朝順治十一年，藩使張公縉彥重建於歷山書院，即今樓也。樓上供滄溟公木主，地方官春秋致祭。康熙三十九年，提學徐公炯重新之，頒有四照，令市民後人世守其地、勿許豪強侵占，恩至渥也。嘉慶八年，臬使金公光悌因保護名蹟，為文勒石，逮道光十七年獻方奉祀，結廬其下，開設花圃。為供奉香火之計，咸豐四年，請於觀察陳公寬、邑紳吳公銘捐資重修，獻方變產繼之，輪奐一新，迄今完固。同治八年，請於觀察丁公彥臣捐資助建廳舍三楹，為致祭官退息之所，並改建大門。少宰匡公源題曰：「李滄溟先生祠」。同治十年，更築圍牆，以資防衛，請於臬使長公賡、運使鄭公蘭、觀察蕭公培元、太守豫公山、邑令劉公嘉幹及本城紳士捐資共襄竣事。此歷年重修之大概也。初，道光丁未年，獻方重雕公詩文集，貯於樓上，下設義學，男懋德令授徒其中。伏念奉祀以來，獲食舊德而殷勤護持，俾世澤未湮，實賴諸大君子之力。因記顛末，以告後嗣世守勿替云。奉祀生李獻方謹記。

　　光緒二年歲次丙子秋九月。計開四至：西至趵突泉東牆為界，南東北皆至河心為界。

　　而我們今天看到的趵突泉內白雪樓，則是濟南市政府於一九九五年在原址重建的。

清朝末年的白雪樓

　　李攀龍的一生是短暫的,少年喪父,與寡母相依為命,在艱難困苦的日子裡,他胸懷大志,成長為滿腹經綸的詩人。作為官吏,他在史冊上並沒有多麼輝煌的成就和建樹;但作為詩人,他卻有非同尋常的歷史地位,是舉世公認的「風雅正宗」。他倡導復古與求真,要求「文必秦漢,詩必盛唐」,反對為當時統治階級歌功頌德、內容空洞貧乏的「臺閣體」。以他為首的「後七子」,展開了復古主義的文學運動,前後持續百年之久,影響很大,基本上摧垮了統治一時的「臺閣體」,成為文壇主導

力量。王世貞是復古運動的集大成者。李攀龍是復古運動的「護旗手」和實踐家，他的《白雪樓詩集》、《滄溟集》多次翻刻，各種版本流傳大江南北，在明清兩個朝代從未中斷。他編的《古今詩刪》，選各代之詩，影響頗大；後又摘取其中唐代詩歌編為《唐詩選》，成為當時通行的學塾啟蒙讀本，明清兩代，影響遠遠超過《唐詩三百首》。

李攀龍一生創作詩歌一千四百餘首，尤以七律成就最高。其詩歌具有宏麗響亮、雄渾壯美的風格，堪稱明代詩歌之明珠。

他還為濟南留下了三座白雪樓：鮑山白雪樓、百花洲白雪樓、濼源白雪樓。

有的人，來到這個人間，是為了替黯淡的夜空增添一道耀眼的光芒。

李于鱗唐詩選

有的人，離開這個世界，是為了向貧瘠的大地遺留一卷風雅的華章。

李攀龍便是這樣的一個濟南人。他內心簡明疏曠，清澈坦蕩，無論是忍受貧窮，還是安享富貴，他都從容以待，從不改變他的傲狂，只因為，他心裡有山高水長，更有江山社稷。

李攀龍走了，離開了這四面荷花三面柳、一城山色半城湖的千年詩城，不再去憶那段春來歸夢的過往，不再去看那幅

蒼龍半掛的滄桑，不再去聽那支琵琶一曲的感傷，不再去想那封春盡鴻書的惆悵。他在十畝青蘿裡，將南山的黛色遠遠的眺望，等日落風清竹樹林，就乘一葉仙舟，去了他的詩與遠方。

他活出了自己的境界。

他有他的高樓雁，他有他的浮雲意，除了白雲流水見相從，已無別的牽與掛。

生以為念，死以為歸。

李攀龍安息在濟南山水之間，也算是葉落歸根。

李攀龍去後，有各種褒貶不一的評價，不乏質疑之辭、指責之語、詆毀之言。可在這喧囂的塵世，誰人不被評說？即使是皇帝和權貴又如何，何況是一傲狂的墨客。

御苑東風吹客過，共看芳草有離珂。

功過是非，自有後人評說。

相信西山白雪終將會入琴聲，大雅之音自會高山流水遇知音。

攀龍不死，滿天風月照精神。

第九章　長留白雪照乾坤

第十章
詩人身後葬何處

朋友！這曠野是今人的墳墓，
但何處又是古人的墳塚？
且請把腳步放輕！
我想這地面正是由古人的遺骸構成。
他們雖早已離我們而去，
但對祖先還應腳下留情。
如有可能，請在空中緩緩而行，
切莫踏在人的遺骸上得意忘形。
……

浮華過盡，顯出明月星辰；光陰似水，流過春暖秋涼。

攀龍西辭已縹緲，唯有大雅之音存，悵望天下草木深，逝者何處安身？滾滾紅塵，誰還憶起「天開萬里夕陽空」、「驚

濤一片雪山來」？誰還記得「聞君忽憶陽春調，濁酒還開白雪樓」？

有誰還會懷念那去了遠方而永不歸來的詩人？

偶有巷陌人家，「平生突兀看人意」，才知道「人情原慘淡，世路故蹉跎」。

詩人李攀龍去世後到底歸葬於何處，他的墓地到底在何方，眾說紛紜，一直是一個謎。

此事成今昔，浮雲見往來。

這原本不應該是一個謎！這是一個值得思考的問題。

此時，我想起了中國作家王開嶺在〈談談墓地，談談生命〉一文中的一段文字：

> 倘若缺少了墓地，人類會不會覺得孤獨而淒涼？靈魂畢竟是縹緲的，而墓地提供了一塊可以讓生者觸摸到死者的地方……這在一定程度上抵禦了死亡本身的寒冷和殘酷。在心靈敏感的生者眼裡，墓地不是冷卻、凝固、窒息的存在，它擁有體溫，生者的愛可以賦予它一切……在那裡，人們和曾經深愛的人再次相遇，互訴衷腸，重溫舊夢，消弭思念之苦。

從現在可查詢到的各種文獻記載中，關於李攀龍墓地有五種說法。

現在比較公認的說法是在濟南北馬鞍山東麓的墓地。原土墓高一點五公尺，墓前有三通石碑及石獅、石馬、石人等。該墓於一九七五年平整土地時被毀。

現將三位作家關於李攀龍墓地考察、求證的文章錄入，供大家參考。

▌明代大詩人李攀龍葬於何處？

雍堅

爺爺是賭徒，爸爸是酒鬼，這樣的孩子長大後，一定是「賭徒＋酒鬼」的紈褲子弟嗎？錯。在明朝的濟南，就有一個身世如此的人。他就是明代文壇「後七子」的領袖、大詩人李攀龍。

明隆慶四年（西元一五七○年），李攀龍於濟南西關柴市路南的家宅中去世，享年五十七歲（虛歲）。李攀龍生前曾先後在濟南東郊鮑山和大明湖百花洲建白雪樓各一座，作為讀書著文之處。他去世後，明萬曆年間，山東右布政使葉夢熊仰慕李攀龍，於趵突泉重建白雪樓以資紀念。趵突泉白雪樓在清代初年傾圮。清順治年間，山東布政使張縉彥再次重建白雪樓。一九六○年，趵突泉公園擴建時，清初白雪樓被拆除；一九九五年，白雪樓在原址重建，樓中能看到李攀龍的塑像。

對於白雪樓，在文獻記載中一直沒有大的爭議。但對李攀龍墓地的記載，各種歷史文獻卻提供了數種說法。及至當代，這種爭議依然存在。如一九九四年版《天橋區志》記有：「李攀龍墓位於北馬鞍山東麓。土墓高一點五公尺。墓前有三通石碑

及石獅、石馬、石人、石柱各二。該墓於一九七五年平整土地時被毀。現墓址旁僅存石人一個。」一九九七年版《天橋文史資料（第三輯）》記載：「劉玉徵先生於一九八四年芒種前夕曾兩次查訪，其（李攀龍）墓在藥山東麓。」二〇〇九年版《李攀龍詩文選》記有：「攀龍卒後第二年，即隆慶五年辛未春三月十一日葬於歷城東郊牛山之原，後遷祖兆歷城西五里藥山南麓。」

種種記載，孰是孰非？筆者不揣淺陋，對此加以考證和辨析。

一代大詩人李攀龍有著不同尋常的家世

李攀龍（西元一五一四年至西元一五七〇年），字于鱗，號滄溟。明隆慶己巳年（西元一五六九年），李攀龍生母去世時，李攀龍曾請同籍友人殷士儋為父母撰寫墓誌銘——〈誥封贈中憲大夫順德知府李公合葬墓誌銘〉。這篇文章因被收入殷士儋《金輿山房稿》而流傳至今，是考證李攀龍家世的重要文獻。據此墓誌銘記載，李攀龍祖籍長清，曾祖父李禎。李禎去世時，李攀龍的祖父李端尚且年少，為了生存，李端又帶著老母親遷居濟南西門外。在一貧如洗的家境下，李端靠賭博改變了命運，搖身一變成為西門一帶的富商（「貧不自給，則往會博徒，一擲箕錢數萬，遂為西門大賈矣」）。李端去世時為兒子李寶（攀龍父）遺留下很多家產，但李寶豪放不羈、嗜酒如命，

能在酒宴上一人放倒四十人（「日唯從客浩歌放飲，能當上客四十」）。因為飲酒無度，重新導致家貧，李寶在三十六歲病死。這一年，李攀龍只有九歲。

富足優裕的童年自此戛然而止，李攀龍的家道從此中落，只能靠母親張氏紡織艱難度日。在貧困環境中，他發憤讀書，嘉靖十九年（西元一五四〇年），一舉考取鄉試第二名，三年後賜同進士出身。後歷任順天府鄉試同考官、順德知府、陝西按察司提學副使、河南按察使。

由一介布衣成為正三品高官，並不是李攀龍一生最值得稱道的，讓歷史記住他的是，在明代嘉靖年間文壇上，他與王世貞、謝榛等倡導文學復古運動，成為「後七子」的領袖，被尊為「宗工巨匠」，時稱「漢代兩司馬，吾代一攀龍」。

李攀龍自作的詩文，由其詩友王世貞整理編集為《滄溟先生集》。

而李攀龍生前所編的《古今詩刪》，影響貌似更大，唐人張若虛那首〈春江花月夜〉，就是在此書中被李攀龍首次選收，自此流向民間，廣為傳頌，並獲得「孤篇壓全唐」之譽。《古今詩刪》中的唐代詩歌部分，後又單獨編為《唐詩選》，成為明清兩代通行的學塾啟蒙讀本。

李攀龍葬於何地？各種文獻記載提供了五種說法

李攀龍葬於何地？據筆者梳理，各種文獻記載提供了五種說法。

「牛山之原」

在李攀龍去世的次年，即明隆慶五年（西元一五七一年），曾經為其父母撰寫過墓誌銘的濟南詩人殷士儋，再次為李攀龍撰寫了墓誌銘 ——〈明故嘉議大夫河南按察司按察使李公墓誌銘〉，此文因收入《滄溟先生集·附錄》而流傳至今。在這篇墓誌銘中，作者寫道「駒卜隆慶五年三月十有一日，葬公於牛山之原，徐恭人祔焉」。「駒」指攀龍子李駒，「徐恭人」指攀龍妻，她於隆慶丁卯年（西元一五六七年）去世，墓誌撰文者也是殷士儋。

「馬鞍山東陽」

從殷士儋為李攀龍父母所撰寫的〈誥封贈中憲大夫順德知府李公合葬墓誌銘〉可知，「李公歿於嘉靖改元五月二日，墓在濟南郡城西北馬鞍山之東陽」。徐恭人於隆慶改元（西元一五六七年）去世，當時李攀龍曾親撰〈亡妻徐恭人狀〉加以懷念，該文中說徐恭人「葬郡城西北馬鞍山（即今天的北馬鞍山）之東陽，祖兆南若干步」。由以上兩文可知，馬鞍山之東陽為李

攀龍家的祖塋,而據李攀龍墓誌銘可知,他死後當與徐恭人合葬,因此墓地也應在馬鞍山之東陽的李氏祖塋。

「長清道中」

明萬曆丁丑(西元一五七七年)秋,李攀龍的友人王世懋從京城返回濟南,忽念故人李于鱗(李攀龍)已經去世八年,於是想私自前往墓地拜祭,於是向于鱗的兒子李駒詢問墓地位置,得到的答覆是「先人墓在長清道中,毋煩間行也」。後來,在李駒引領下,王世懋終於得以到李攀龍墓前拜祭。而當時他見到的李攀龍墓十分簡單,「僅

明崇禎《歷城縣志》上對李攀龍墓的記載

一尺土丘中耳,無周垣封樹,非得駒不能識也」。問其原因,李駒說「將卜遷別葬耳」。王世懋後來將祭拜李攀龍墓一事寫成〈東遊記〉一文,今在乾隆《歷城縣志》中尚能見其梗概。此文不僅提出李攀龍最初葬於「長清道中」,還提出其子將對其墓進行遷葬一事。

「柳溝」

鑑於李攀龍在文壇和政績上的名氣,明代地方上都對其墓地有所記載。不過,志書上墓地位置與墓誌銘記載又有不同。

明崇禎年間成書的《歷乘》和《歷城縣志》中分別記載，李攀龍墓在「黃崗下柳溝」和「柳溝」。在清初濟南文人的詩文中，此說也有所印證。如，詩人王士禎的〈香祖筆記〉曾有「李攀龍墓在柳溝」之記載。再如，詩人田雯曾作〈柳溝拜滄溟墓〉一詩，詩曰：「下馬拜滄溟，荒山亂石橫。炎天無白雪，遠樹有泉聲。邊許才相映，鵲華峰正晴。弇州今已矣，誰重濟南生？」

「藥山之麓」

清順治年間，山東提學道施閏章曾親往李攀龍墓憑弔，並重新撰寫了〈李滄溟先生墓碑〉，時在順治十五年（西元一六五八年）。該碑文明確提出「（李攀龍）墓在城西五里許，皆下馬拜，蓋藥山之麓也」。此說在清代文人詩文中也多次得到印證。如，曾經受學於施閏章的清康熙年間詩人張篤慶便寫有〈藥山麓望滄溟先生墓〉一詩，詩中有「山有岱兮水有海，滄溟遺響依然在。我歌〈九辨〉一招魂，樓頭白雪流光彩」之句。再如，清代中期詩人周樂寫有〈拜滄溟先生墓〉詩，詩中有「濟南文獻此堪師，藥麓荒墳愧拜遲」之句。

李攀龍墓之所以撲朔迷離，源自不可忽視的「遷葬」

以上五種說法莫衷一是，除了有地名稱謂上的變化原因外，還有關鍵的一點不容忽視，那就是王世懋〈東遊記〉中提

到的，李駒擬將李攀龍墓「卜遷別葬」一事。也就是說，李攀龍葬地有兩個：始葬地和遷葬地。李攀龍的始葬地為李氏先塋。由殷士儋〈誥封贈中憲大夫順德知府李公合葬墓誌銘〉和李攀龍〈亡妻徐恭人狀〉可知，馬鞍山東陽為李氏先塋所在地，而李攀龍始葬之地正是這裡。據陳明超先生考證，馬鞍山東麓臨近黃崗，古為去長清之路。因此就李攀龍始葬地而言，「長清道中」與「馬鞍山東陽」是同一個地方。

李攀龍家族雖然由長清、歷城龍山鎮（今屬章丘）輾轉遷居濟南城裡，但家族繁衍一度興旺，據殷士儋〈誥封贈中憲大夫順德知府李公合葬墓誌銘〉記載，李攀龍這一輩就有兄弟五人。在李攀龍去世後，其子可能考慮到穴位安排比較緊湊，於是對李攀龍墓進行了一次遷葬（當然，也許是出於改換風水的考慮）。此次遷葬後，李攀龍墓由馬鞍山東麓遷至北面的藥山東麓，李攀龍葬於「藥山之麓」說正是源自此次遷葬。

至於明代志書上出現的「柳溝說」，據考證，「黃崗下柳溝」，確有其溝，正在北馬鞍山和藥山之間，先自藥山下由西而東，再由北而南，自黃崗入小清河，今溝殘跡仍在。因「柳溝」介於藥山和北馬鞍山之間，此說意指始葬地「馬鞍山東陽」或者遷葬地「藥山東麓」，似乎都說得過去。一九四一年出版的《濟南名勝古蹟輯略》則偏向於後者，稱李攀龍墓在「柳溝藥山之麓」。

值得一提的是，早在乾隆《歷城縣志》中，就已經意識到了李攀龍墓地因「遷葬」而帶來的認知混亂，但作者沒有搞清

楚「牛山」在哪，因此錯誤的提出——「或者始葬牛山，後仍遷馬鞍山耶」。原文如下——

　　「按：于鱗自作〈徐恭人狀〉，云葬於馬鞍山之東陽。舊志云『攀龍墓在柳溝』，正馬鞍山之東陽山下也。殷正甫墓誌乃云『葬於牛山』，王敬美記又云『在長清道中』，則與狀及舊志皆不合。敬美又云將『卜遷別葬』，或者始葬牛山，後仍遷馬鞍山耶。今馬鞍山墓前翁仲、華表與明制按察使品級相符，而坊額但題『李氏先塋』，疑于鱗葬母時所立者。于鱗葬此實無所據。或施愚山同郝焜訪聞得之，誤以于鱗先人墓為其墓耳。然敬美所謂在『長清道中無周垣封樹者』，竟不可考，惜哉！」

「牛山」或為「土山」之誤寫，而「土山」即北馬鞍山

　　墓誌是存放於墓中載有死者傳記的石刻，因此，殷士儋所撰寫的李攀龍墓誌銘上提到的「牛山之原」當為最可信的始葬地。可這牛山位於哪裡？查明清時期各個版本的《歷城縣志》，均沒有牛山的記載，只是在濟南東北郊有座臥牛山。或許是因為這個緣故，有人認為牛山在濟南東郊。如李伯齊、宋尚齋、石玲選注的《李攀龍詩文選》中，在附錄〈李攀龍行年事跡考略〉提出，「（李攀龍）隆慶五年辛未春三月十一日葬於歷城東郊牛山之原，後遷葬祖兆歷城西五里藥山南麓」。這與李攀龍〈亡妻徐恭人狀〉中提及的祖兆在「馬鞍山之東陽」顯然不合。

一九九一年，兩盒重要的墓誌被位於北馬鞍山附近的王爐村村民送到濟南市博物館，它們是〈大明敕封鎮守山東等處龍虎將軍上護軍左軍都督府都督衛公墓誌〉和〈衛太夫人李氏墓誌〉，及明代衛青及其夫人的墓誌銘，中國文革期間被人從北馬鞍山西麓挖出後，由當地人收存。衛青墓誌銘立於正統元年（西元一四三六年），上寫他「歸葬於東藩城西土山之陽」，衛夫人李氏墓誌銘立於天順六年（西元一四六二年），上也有「歸葬於濟南土山之陽」的記載。

二〇〇二年，這兩塊重要碑刻被收錄於韓明祥先生所著《濟南歷代墓誌銘》一書，它們揭示了一個重要問題，「土山」即北馬鞍山之別稱。

筆者據此認為，因「牛」與「土」字形相近，「牛山」應為「土山」之訛誤。也就是說，李攀龍墓誌銘上所寫的他葬於「牛山之原」，其實應該是「土山之原」。這也許是最初刻碑者刻錯了，也許是古籍刊刻時出的問題。

弄清了「牛山」之身分，李攀龍墓先葬牛山之原（馬鞍山東陽、長清道中），後遷藥山之麓（黃崗下柳溝）也就沒有糾結了。

當代遺存也證實：李氏祖塋與李攀龍墓不在同一處

中國文革期間，在濟南北郊馬鞍山東麓一明代墓中，還出土了李攀龍父李寶墓誌銘〈誥封贈中憲大夫順德知府李公合葬墓誌銘〉一盒，石現藏濟南市博物館。二〇〇二年，此墓誌銘

也被韓明祥先生收錄於《濟南歷代墓誌銘》一書。筆者經比對發現，此墓誌銘內容與歷史文獻中流傳下來的殷士儋所撰文的〈誥封贈中憲大夫順德知府李公合葬墓誌銘〉幾乎完全相同。由此進一步證實，馬鞍山東麓為李氏先塋，而李攀龍父親李寶正葬於此。至於「中憲大夫順德知府」，為李寶死後因子貴，被朝廷追贈的名號。

據一九九七年版《天橋文史資料第三輯》記載，一九八四年芒種前後，天橋文史專家劉玉徵曾兩次到藥山東麓查訪李攀龍墓的舊事。「當時墓區內昔日的神道墓碑及石人、石馬等在中國文革期間已無影蹤，墓也遭到了破壞，其墓青磚所砌，為東西長形拱頂地上墓，上面覆蓋著黃土呈圓形。墓門有兩個，一大一小，據相關資料考證，小門是李攀龍之妻墓。」當年秋天，「李攀龍墓地已化為平地，建起了工廠」。

雖然劉玉徵先生一九八四年在藥山東麓看到的情景並沒有保存到今天，但此事的記載，足以說明李氏祖塋與李攀龍墓不在同一處，是有確鑿依據的。此外，需要辨析的還有下面一宗：

關於「李攀龍墓」的照片，文獻中出現較少。最早的一張是一九二九年日文《亞細亞大觀》中收錄的一張題為「李攀龍墓前」的照片，照片中有望柱、石羊和仆倒的翁仲，遠景上隱約可見一山頭，貌似鵲山。二〇一一年新出版的《藥山春秋》中，在「李攀龍墓」一節中，附有李攀龍墓照片一張，由濟南市城建檔案館提供，照片拍攝時間應為一九五〇年代，文中說

「王爐莊北馬鞍山東麓過去有明代詩人李攀龍的墓」。

　　筆者藏有濟南市博物館王建浩先生於一九六四年拍攝的馬鞍山東坡李攀龍家族墓地照片兩張：一張是自東向西拍攝的墓地全景，遠景上可見馬鞍山山頂建築；一張是近拍的三座墓碑的照片，其中一通墓碑上可見「明李滄溟先生□碑」等字跡。經王建浩先生所拍攝照片印證，一九二九年日本人拍攝的「李攀龍墓前」照片和市城建檔案館所藏一九五〇年代李攀龍墓照片，所拍攝的景象均為馬鞍山東麓李氏祖塋。至於王建浩先生照片中的「明李滄溟先生□碑」，據筆者分析，應該是清代中後期所立，並非明代就有；否則，乾隆《歷城縣志》中，就不會出現「而坊額但題『李氏先塋』，疑于鱗葬母時所立者。于鱗葬此實無所據」等表述。因為這通後立的「明李滄溟先生□碑」的存在，所以，後人進一步把李攀龍墓誤認為是在馬鞍山東麓。馬鞍山一帶的民間流傳的「山西埋武將，山東葬文官」的說法，意即山西面有武將衛青之墓、山東面有文官李攀龍之墓，猜測也是源自這通後立的「明李滄溟先生□碑」。

　　（參考新浪部落格「客居濟南」與「泱茫無垠」相關文章，特致謝忱。本文曾收錄二〇一二年版《濟南文化論叢》第一輯。）

北馬鞍山 —— 一代文宗李攀龍始葬之地（節選）

劉權

　　濟南有南北兩座馬鞍山，構成齊煙九點圖景之一的，是位於藥山、粟山之間的北馬鞍山。

　　北馬鞍山原名「鞍山」，海拔八十五點九公尺，西距粟山約零點七公里，北距藥山約一公里。由於山體有一大一小兩座山頭，形似馬鞍，所以得名；又因為兩峰呈圓形，如同日月，還被稱作「日月輪山」。北馬鞍山又是齊煙九點中僅有的兩座土山之一。這座其貌不揚的土山，在歷史上卻大有來頭。

　　春秋時代，這裡曾發生過一場著名戰役。

　　西元前五八九年，齊、晉兩國在齊國鞌地交戰，史稱「鞌之戰」。對此，《左傳》有詳細記載：「成公二年……師從齊師於莘。六月壬申，師至於靡笄之下。……癸酉，師陳於鞌。……齊侯曰：『余姑翦滅此而朝食！』不介馬而馳之。……齊師敗績。逐之，三周華不注。」「鞌」，都認為是位於今濟南西北部的北馬鞍山。「鞌之戰」是《左傳》描述的五大著名戰役之一，成語「滅此朝食」就源於此。「鞌之戰」還是晉景公爭霸事業的重要轉折點。經此一役，晉國與齊國結盟，並成為可以和楚國、秦國相抗衡的一方霸主。

北馬鞍山

在明代，一文一武兩位豪傑長眠於此。

一代文壇「宗工巨匠」、「後七子」領袖人物李攀龍去世前三年曾撰〈亡妻徐恭人狀〉悼念其妻，文中說徐恭人「葬郡城西北馬鞍山（即今北馬鞍山）之東陽，祖兆南若干步」，就是說李家的祖塋就位於北馬鞍山東南麓。但關於其本人的墓地，則眾說紛紜：一種認為，李攀龍死後與結髮妻子合葬於北馬鞍山祖墳；另一種認為，李攀龍死後先是草草葬在北馬鞍山，不久又遷至藥山東麓。現在來看，後者證據更充分，更接近於事實。撇去爭論不談，北馬鞍山畢竟埋葬過一代文宗，也算是與詩人有緣了。

明代抗倭大將衛青及其夫人也葬於北馬鞍山西麓。一九九一年，兩方重要的墓誌被位於北馬鞍山附近的王爐村村民送到濟

南市博物館，它們是明代衛青及其夫人的墓誌，中國文革期間被人從北馬鞍山西麓挖出後，由當地人收存。衛青墓誌銘立於正統元年（西元一四三六年），上面說他「歸葬於東藩城西土山之陽」；衛夫人李氏墓誌銘立於天順六年（西元一四六二年），上面也有「歸葬於濟南土山之陽」的記載。其中土山即今北馬鞍山。衛青是上海松江人，當過山東都指揮使，對維護山東地方穩定做出過突出貢獻，一生大多數時光都在山東及沿海抗倭中度過，其後世子孫也曾拜將封侯。至於衛青為何葬在這裡還是個謎，應該與他早年在山東抗倭和治亂的經歷有關吧。

也談李攀龍墓址

耿仝

李攀龍墓址是一樁幾年前的公案，那幾年正是我不上部落格的時段，昨天搜東西正巧搜到，順便談幾句。

李攀龍（西元一五一四年至西元一五七〇年），字于鱗，號滄溟。祖籍長清，曾祖李禎遷歷城龍山鎮，祖父李端遷居歷城西門外。李攀龍的墓址是近年才消失不見的，一九七五年之前其址還是存在的，在馬鞍山的東麓。但對其墓址，從乾隆《歷城縣志》開始就有兩個疑問：一是李攀龍墓有沒有遷葬過。二是史上說李攀龍墓址有五種說法，「柳溝」、「馬鞍山東陽」、「牛山之原」、「長清道中」、「藥山之麓」，孰是？這其實是一個問

題,第一個問題是第二個問題衍生出來的,是為了解釋第二個問題而提出的,關鍵還是如何解讀五處墓址。

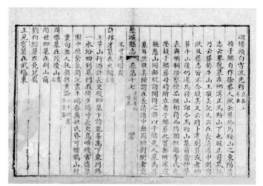

清乾隆《歷城縣志》對李攀龍墓的記載

　　首先談李攀龍墓遷址的問題,這個疑問來自李攀龍生前好友王世懋萬曆丁丑(西元一五七七年)所寫的〈東遊記〉。文中記載,王世懋見李墓不樹不封,僅一尺土丘耳,遂問李攀龍之子李駒何故,答曰:「將卜遷別葬耳。」無論乾隆《歷城縣志》還是幾年前的爭議,都是以此為遷葬依據並解釋墓址不同的。但這個設疑與墓址並無關係,因為,沒有特殊原因的話,卜遷別葬仍是在祖塋的範圍內,不會跑很遠,那不符合兩千年來的邏輯。為什麼要「卜遷別葬」呢?大家都忽略了這個問題,其實很簡單,李攀龍最初下葬在祖塋之外,要另選址歸葬入祖塋,所以他不會離下葬的原址太遠。有什麼證據呢?隆慶五年(西元一五七一年),殷士儋〈明故嘉議大夫河南按察司按察使

李公墓誌銘〉寫道：「駒卜隆慶五年三月十有一日，葬公於牛山之原，徐恭人祔焉。」李攀龍是與他老婆合葬了。而李攀龍的老婆徐氏比李早死幾年，根據李攀龍撰〈亡妻徐恭人狀〉，其妻卒於隆慶元年（西元一五六七年）七月二十四日，當年十月四日「葬郡城西北馬鞍山之東陽、祖兆南若干步」。李攀龍的老婆最初是沒有埋進祖塋的，要等她男人死了一起埋入祖塋，這是常識性問題。也就是說，李攀龍沒有按序列安葬，日後要在祖塋範圍內遷葬。原因可能是其祖塋附地狹隘，周圍的地當時沒買過來，當然，這不在我們的探討之內。後來遷墳了嗎？顯然是沒有。康熙五十五年（西元一七一六年），劉鎮〈重修李滄溟先生墓碑記〉云：「先塋上為先生祖父，稍右先生之子駒祔焉。」陰宅的上下跟地理的上下習慣上有所不同，即李攀龍墓在其祖父墓前，這與〈亡妻徐恭人狀〉所記述的「祖兆南若干步」是一致的，李攀龍父李寶墓應在其祖父墓之右。順治十五年（西元一六五八年），施閏章〈李滄溟先生墓碑〉有「不封不樹」、「牛羊蹢躅其上」等句，也可為〈東遊記〉「不樹不封」、「一尺土丘」佐。所以，李攀龍墓遷移是沒有真正施行過的，後世所見的李攀龍墓仍是最初下葬的位置。

　　事實上，彼時李攀龍之子李駒是無力遷葬的。一則李駒在接待王世懋後不到三年就去世了，邢侗〈歷城陳令君為李于鱗先生立嗣置田記〉言：「于鱗先生厭世且三十年所矣，其子駒後先生十年奄謝。」王世懋在李攀龍死後七年來祭奠，而李駒在其

父死後十年謝世，似乎沒有精力謀劃遷墳大計了。二則，也正如書龍兄所說：「遷葬也可能是羞言『不樹不封』的托詞，〈池北偶談〉言：『李滄溟先生，身後最為寥落。其寵姬蔡，萬曆癸卯年（西元一六〇三年）七十餘矣，在濟南西郊賣胡餅自給。叔祖（王象春）季木考功見之，為賦詩云：白雪高埋一代文，蔡姬典盡舊羅裙。』」李氏後人太窮了，甚至無力樹封，所以才有了西元一六五八年施閏章、西元一七一六年劉鎮對李攀龍墓的重修。

我們再來談第二個問題——五處地名如何解讀。其實，李攀龍的墓葬位置很清楚，就是馬鞍山的東偏北、藥山東偏南，是一個「十三不靠」的地方，會因為參照物不同而有不同描述。《歷乘》云「李攀龍墓在黃崗下柳溝」，明崇禎《歷城縣志》記李攀龍墓在「柳溝」。王士禎（西元一六三四年至西元一七一一年）在〈香祖筆記〉裡寫道：「李攀龍墓在柳溝。」一九四一年《濟南名勝古蹟輯略》稱李攀龍墓在「柳溝藥山之麓」。「柳溝」是哪裡？結合「黃崗下柳溝」與「柳溝藥山之麓」，「柳溝」當在藥山之南，呈東西走向。〈亡妻徐恭人狀〉言「葬郡城西北馬鞍山之東陽」，按山南水北為陽，一般解釋為北馬鞍山的東南。其實，「山之東陽」的說法很少用，這裡以山為坐標是非常不自然的。「陽」字當為柳溝之陽或小清河之陽，故「馬鞍山之東陽」應解釋為馬鞍山之東、柳溝之北（或今小清河北），即北馬鞍山的東偏北。殷士儋〈明故嘉議大夫河南按察司按察使李公墓誌銘〉記為「牛山之原」，因為馬鞍山舊稱土山，某些人

認為「牛山」為「土山」之訛，這是沒有依據的，訛化的可能性幾乎沒有。「牛山」是哪裡呢？其實「牛山」應該就是現在的金牛山，馬鞍山東陽正是「牛山之原」，李攀龍的墓位於藥山、北馬鞍山、金牛山之間，「三不靠」，「柳溝」、「馬鞍山東陽」、「牛山之原」、「藥山之麓」其實是說同一個地方。那王世懋〈東遊記〉所說的「長清道中」又是怎麼回事呢？有人認為此處是歷城自西南去長清的大路，所以有這樣的說法，這是不對的，明清去長清的官路在炒米店一線，是不會跑到馬鞍山的。〈東遊記〉所說的「墓在長清道中」，其實是王世懋從齊河去長清的路途。齊河偏東過河正是濼口，自濼口南行過炒米店去長清的大道正與李攀龍墓相去不遠，所以有「毋煩間行也，余甚喜過望」等語，王世懋不用繞遠道，有大路直通，順路就去了，自然高興。

綜上，史上李攀龍墓址的五種說法其實是同一處，其址並沒有變動過。[12]

此時，在這春暖的日子裡，有多少人安靜的坐在陽光下，默默的看著遠處浩蕩的河流、峻峭的山峰、大地的炊煙？有多少人在與另一個世界的親人隔空對話？有多少人在那一刻感受到自己的渺小和無助？又有多少人真正讀懂了泰戈爾「生如夏花之燦爛，死如秋葉之靜美」的詩句呢？

---

12 耿全在其文章後留言：直到清康熙五十五年安葬的形制仍是舊日模樣，仍在祖塋，其子已喪，又有誰來替他遷葬呢？

　　此時，我再次看到了那個遙望白雲高的故人，想到了他「但去臥芳草，山中鴻雁春」的詩句。

　　還有「青樽何處不蹉跎，白髮相看一醉歌」。

　　此刻，我這樣想：一個人的偉大，不在於有沒有墓碑和碑文。

　　有的人，即使墓碑高聳入雲，一旦離開了讚美，就不值一文；有的人，即使他的墓碑早已消失，他的姓名，依然是從大地上升起來的生命地標。

　　而這生命的地標，始終與人世間遙相呼應。

　　應該感謝那些將美德傳到遙遠時空的先哲，也應該感謝讓我們感受到生命無比珍貴的所有逝去的人，更應該感謝那些為這個世界留下一些千古絕唱的詩句並讓這個世界有了意義的詩人們。

　　此刻，人間依然溫暖，太陽依然燦爛。

　　風吹著風，一往而深的將一些崇敬之羽，吹向比風還遠的地方。

　　最後，請讓我們閉上眼睛，輕輕的誦讀一下阿拉伯古代著名詩人麥阿里〈生與死〉中的詩句：

朋友！這曠野是今人的墳墓，
但何處又是古人的墳塚？
且請把腳步放輕！
我想這地面正是由古人的遺骸構成。

他們雖早已離我們而去，
但對祖先還應腳下留情。
如有可能，請在空中緩緩而行，
切莫踏在人的遺骸上得意忘形。
⋯⋯

第十章　詩人身後葬何處

附錄

▌李攀龍年譜

明正德九年（西元一五一四年）

　　四月十八日，明代著名文學家、「後七子」領袖人物李攀龍，出生在濟南西門外的西關柴市路南，即現在的市中區長春觀街。

嘉靖元年（西元一五二二年）

　　五月，李攀龍年僅三十六歲的父親李寶突然離世。

嘉靖九年（西元一五三〇年）

　　李攀龍娶徐氏為妻。

嘉靖十年（西元一五三一年）

　　李攀龍補廩生。

嘉靖十六年（西元一五三七年）

　　李攀龍得山東提學僉事王慎中賞拔，以「狂生」之名聞於諸生間。

嘉靖十九年（西元一五四○年）

參加鄉試，中舉，得鄉試第二。

嘉靖二十三年（西元一五四四年）

參加甲辰科會試。李攀龍被取為三甲同進士出身。

嘉靖二十五年（西元一五四六年）

三十三歲的李攀龍回到京師充任順天府鄉試同考試官，開始了他人生的嶄新歷程。

嘉靖二十六年（西元一五四七年）

春，授刑部廣東司主事，官職正六品。

嘉靖二十七年（西元一五四八年）

中秋佳節，與謝榛、王世貞等詩人相識。這次聚會在中國文學史上意義非凡，因為這次聚會讓他們發現彼此的政治抱負和文學理論都十分相似，於是，從此之後，他們就越走越近，到最後成為一個詩歌團體，也就是詩壇所稱的「後七子」。

嘉靖三十一年（西元一五五二年）

「後七子」主要成員先後離京。

春，寫〈送謝茂秦〉送別謝榛。

六月，送別梁有譽，寫〈夏日同元美、子與、子相天寧寺送別公實〉。

七月，寫〈送王元美序〉，李攀龍提出了對唐宋派的批評。

十月，宗臣離京，寫〈送子相〉、〈送子相歸廣陵〉、〈送宗子相序〉。

嘉靖三十二年（西元一五五三年）

春，出守順德（今河北省邢臺市），為順德知府。

嘉靖三十三年（西元一五五四年）

寫一組懷諸子詩，所懷念的詩人依次為：王世貞、吳國倫、宗臣、徐中行、魏裳、梁有譽，加上李攀龍為七子。

嘉靖三十四年（西元一五五五年）

李攀龍出任順德知府已三年，依例於是年冬進京上計。

在京，與王世貞、吳國倫、徐中行、宗臣等詩人宴集唱和。

年底，有隱退濟南之念。

嘉靖三十五年（西元一五五六年）

在京的七子成員相繼外任。

七月，王世貞到順德，探望李攀龍，兩人切磋詩藝，酬酢應和。

夏，提升為陝西按察司提學副使。

同年底，在新鄉與謝榛會面。過孟津，與賈守準夜談。

到達陝西，時值地震繁發。

嘉靖三十六年（西元一五五七年）

與李攀龍同年中舉、同年中進士的好友，西安知府洪遇病逝，李攀龍倍感傷悲，生出退出政壇、辭官歸隱而孝養母親之意。

嘉靖三十七年（西元一五五八年）

春夏之交，未等到辭職報告經吏部批准，四十五歲的李攀龍就拂衣而去，回到了濟南府。

冬，李攀龍在許邦才陪同下到天井寺（今濟南南部山區雲臺寺）。

同年，為延續香火，李攀龍又娶盧氏為妾。

嘉靖三十八年（西元一五五九年）

正月，在青州任職的王世貞來濟南，在李攀龍家喝酒談論詩藝。

在王舍人莊東北隅籌建白雪樓。

江南的書畫家周天球、戲劇家梁辰魚專程來白雪樓與李攀龍相見。

同年，魏裳、郭子坤、襲勘、于鯨等人經常聚在白雪樓，漸漸的，這些詩友便形成了一個「歷下詩派」。

七月，王世貞父親王忬因得罪嚴嵩被關入死牢，王世貞匆忙奔赴京城。其間，李攀龍多次詩信打探消息並安撫王世貞。

秋，驚聞在福建出任福建提學副使的宗臣去世的消息後，李攀龍作〈哭子相〉四首以哀悼。

嘉靖四十一年（西元一五六二年）

李攀龍在刑部時的同事魏裳，以刑部侍郎出任濟南知府。從此，魏裳與李攀龍開始互動密切起來，兩人曾一起登過泰山、同宿龍洞，交情不淺。魏裳也是李家的常客，是魏裳提議將鮑山樓改名為「白雪樓」，還親筆題寫「白雪樓」三字匾額。

秋，李攀龍和許邦才結伴遊濟南南部山區，寫下了一系列歌頌家鄉山水的詩篇。

嘉靖四十二年（西元一五六三年）

王世貞從吳中寄信給李攀龍，說他們的朋友張獻翼刊刻了李、王的唱和集《南北二鳴集》。

許邦才謀劃刊刻李、許二人唱和詩集《海右倡和集》。

魏裳倡議刊刻十卷李攀龍的詩集，以《白雪樓詩集》為名刊刻，十月刻成。

隆慶元年（西元一五六七年）

二月二十五日，妾盧氏為李攀龍生下一子，起名馴。

七月二十四日，李攀龍結髮妻子徐氏病逝。

十月，正式任命下來，「起用原任陝西按察司副使李攀龍於浙江」。

十一月二十二日，李攀龍復職，從濟南啟程赴浙江上任。

隆慶二年（西元一五六八年）

結識明朝抗倭名將戚繼光。

三月，視察海防，檢閱抗倭名將劉顯率領的軍隊。

四月，徐中行來到杭州，與李攀龍聚會二十多天。兩人一起遊覽了西湖、靈隱寺、保俶塔、大佛寺，所到之處，都寫有詩作。

五月，晉升為浙江布政司左參政。

附錄

六月，李攀龍奉賀表北上，離開杭州。

八月二十五日，抵京。

九月三日，入殿覲見隆慶皇帝朱載坖。

十月，抵達濟南，住家兩個多月。

十二月，接到新任命——河南按察使。

隆慶三年（西元一五六九年）

二月，奉母到開封任所，同行有李馴母子。

結識開封名士西亭先生。

閏六月，李攀龍母親張氏過世。

隆慶四年（西元一五七〇年）

六月，李母週年忌日前後，張佳胤、殷士儋、李先芳等朋友先後致奠章。李攀龍分別致謝，此後他的身體每況愈下，精力更為不濟。

八月十九日，李攀龍忽然心痛病發作。

二十日，李攀龍在他的出生地西關柴市祖宅（今濟南市市中區長春觀街）病逝，卒年五十七歲。

《白雪樓詩集》十二卷出版，前有汪時元作序。

隆慶六年（西元一五七二年）

《滄溟先生集》出版，王世貞編訂，張佳胤作序。集凡詩十四卷、文十六卷、〈附錄〉一卷。此本刻印精美，世稱「隆慶本」，後世所傳是以此本為母本。

（陳城成整理）

電子書購買

國家圖書館出版品預行編目資料

明後七子之首 —— 傲狂墨客李攀龍：倡導復古
與求真、主盟文壇二十餘年，風雅長留白雪樓 /
陳忠著 . -- 第一版 . -- 臺北市：崧燁文化事業
有限公司 , 2023.06
面；　公分
POD 版
ISBN 978-626-357-381-9(平裝)
1.CST: (明) 李攀龍 2.CST: 傳記
782.866　112007040

明後七子之首 —— 傲狂墨客李攀龍：倡導復古與求真、主盟文壇二十餘年，風雅長留白雪樓

臉書

作　　者：陳忠
發 行 人：黃振庭
出 版 者：崧燁文化事業有限公司
發 行 者：崧燁文化事業有限公司
E - m a i l：sonbookservice@gmail.com
粉 絲 頁：https://www.facebook.com/sonbookss/
網　　址：https://sonbook.net/
地　　址：台北市中正區重慶南路一段六十一號八樓 815 室
Rm. 815, 8F., No.61, Sec. 1, Chongqing S. Rd., Zhongzheng Dist., Taipei City 100,
Taiwan
電　　話：(02) 2370-3310　　　傳　　真：(02) 2388-1990
印　　刷：京峯彩色印刷有限公司 （京峰數位）
律師顧問：廣華律師事務所 張珮琦律師

定　　價：350 元
發行日期：2023 年 06 月第一版
◎本書以 POD 印製